ENZYKLOPÄ
DEUTSCHI
GESCHICHTE
BAND 59

ENZYKLOPÄDIE
DEUTSCHER
GESCHICHTE
BAND 59

HERAUSGEGEBEN VON
LOTHAR GALL

IN VERBINDUNG MIT
PETER BLICKLE
ELISABETH FEHRENBACH
JOHANNES FRIED
KLAUS HILDEBRAND
KARL HEINRICH KAUFHOLD
HORST MÖLLER
OTTO GERHARD OEXLE
KLAUS TENFELDE

KOMMUNIKATION, HANDEL, GELD UND BANKEN IN DER FRÜHEN NEUZEIT

VON

MICHAEL NORTH

R. OLDENBOURG VERLAG
MÜNCHEN 2000

Die Deutsche Bibliothek – CIP-Einheitsaufnahme

Enzyklopädie deutscher Geschichte / hrsg. von Lothar Gall in
Verbindung mit Peter Blickle ... – München : Oldenbourg
    Literaturangaben
    ISBN 3-486-53691-5

North, Michael:
Kommunikation, Handel, Geld und Banken in der frühen Neuzeit / Michael
North. – München : Oldenbourg, 2000
    (Enzyklopädie deutscher Geschichte ; Bd. 59)
    ISBN 3-486-56477-3
    ISBN 3-486-56478-1

© 2000 Oldenbourg Wissenschaftsverlag GmbH, München
Rosenheimer Straße 145, D-81671 München
Internet: http://www.oldenbourg-verlag.de

Umschlaggestaltung: Dieter Vollendorf
Gedruckt auf säurefreiem, alterungsbeständigem Papier (chlorfrei gebleicht).
Gesamtherstellung: R. Oldenbourg Graphische Betriebe Druckerei GmbH,
München

ISBN 3-486-56477-3 (brosch.)
ISBN 3-486-56478-1 (geb.)

Vorwort

Die „Enzyklopädie deutscher Geschichte" soll für die Benutzer – Fachhistoriker, Studenten, Geschichtslehrer, Vertreter benachbarter Disziplinen und interessierte Laien – ein Arbeitsinstrument sein, mit dessen Hilfe sie sich rasch und zuverlässig über den gegenwärtigen Stand unserer Kenntnisse und der Forschung in den verschiedenen Bereichen der deutschen Geschichte informieren können.

Geschichte wird dabei in einem umfassenden Sinne verstanden: Der Geschichte in der Gesellschaft, der Wirtschaft, des Staates in seinen inneren und äußeren Verhältnissen wird ebenso ein großes Gewicht beigemessen wie der Geschichte der Religion und der Kirche, der Kultur, der Lebenswelten und der Mentalitäten.

Dieses umfassende Verständnis von Geschichte muß immer wieder Prozesse und Tendenzen einbeziehen, die säkularer Natur sind, nationale und einzelstaatliche Grenzen übergreifen. Ihm entspricht eine eher pragmatische Bestimmung des Begriffs „deutsche Geschichte". Sie orientiert sich sehr bewußt an der jeweiligen zeitgenössischen Auffassung und Definition des Begriffs und sucht ihn von daher zugleich von programmatischen Rückprojektionen zu entlasten, die seine Verwendung in den letzten anderthalb Jahrhunderten immer wieder begleiteten. Was damit an Unschärfen und Problemen, vor allem hinsichtlich des diachronen Vergleichs, verbunden ist, steht in keinem Verhältnis zu den Schwierigkeiten, die sich bei dem Versuch einer zeitübergreifenden Festlegung ergäben, die stets nur mehr oder weniger willkürlicher Art sein könnte. Das heißt freilich nicht, daß der Begriff „deutsche Geschichte" unreflektiert gebraucht werden kann. Eine der Aufgaben der einzelnen Bände ist es vielmehr, den Bereich der Darstellung auch geographisch jeweils genau zu bestimmen.

Das Gesamtwerk wird am Ende rund hundert Bände umfassen. Sie folgen alle einem gleichen Gliederungsschema und sind mit Blick auf die Konzeption der Reihe und die Bedürfnisse des Benutzers in ihrem Umfang jeweils streng begrenzt. Das zwingt vor allem im darstellenden Teil, der den heutigen Stand unserer Kenntnisse auf knappstem Raum zusammenfaßt – ihm schließen sich die Darlegung und Erörterung der Forschungssituation und eine entsprechend gegliederte Auswahlbiblio-

graphie an –, zu starker Konzentration und zur Beschränkung auf die
zentralen Vorgänge und Entwicklungen. Besonderes Gewicht ist daneben, unter Betonung des systematischen Zusammenhangs, auf die Ab-
stimmung der einzelnen Bände untereinander, in sachlicher Hinsicht,
aber auch im Hinblick auf die übergreifenden Fragestellungen, gelegt
worden. Aus dem Gesamtwerk lassen sich so auch immer einzelne, den
jeweiligen Benutzer besonders interessierende Serien zusammenstel-
len. Ungeachtet dessen aber bildet jeder Band eine in sich abgeschlos-
sene Einheit – unter der persönlichen Verantwortung des Autors und in
völliger Eigenständigkeit gegenüber den benachbarten und verwandten
Bänden, auch was den Zeitpunkt des Erscheinens angeht.

Lothar Gall

Inhalt

für Gottfried North zum 18. Januar 2000

Vorwort des Verfassers

Kommunikation, Handel, Geld und Banken scheinen auf den ersten Blick durchaus heterogene Untersuchungsgegenstände zu sein. Bei näherem Hinsehen zeigen sich aber strukturelle Ähnlichkeiten, die eine gemeinsame Betrachtung nicht nur rechtfertigen, sondern sogar nahelegen. Hierzu gehört vor allem die gesamteuropäische Prägung, die noch heute in Begriffen wie Post, Bank, Börse oder bankrott zum Ausdruck kommt. In keinem Sektor der „deutschen" Wirtschaft waren die internationalen Einflüsse so groß wie in der Kommunikation, die hier im umfassenden Sinn verstanden wird, im Handel sowie bei der Entwicklung des Geld- und Bankwesens. Deshalb sind hier stärker als in anderen Bänden der EDG die europäischen Rahmenbedingungen und ihre Veränderungen im Zuge der europäischen Expansion zu behandeln. Da auf den Gebieten von Handel und Finanz die Adaption süd- und westeuropäischer Innovationen in Deutschland seit dem Mittelalter eine große Rolle spielte, muß einerseits gelegentlich in das Spätmittelalter zurückgegangen, andererseits die westeuropäische Forschungsdebatte mitberücksichtigt werden. Anderenfalls wären der Stellenwert der deutschen Forschung sowie deren Desiderate im Vergleich zu Westeuropa nicht adäquat darzustellen.

Zuletzt sei allen gedankt, die den Abschluß des Bandes in einem überschaubaren Zeitraum gefördert haben. Hierzu gehören das Land Mecklenburg-Vorpommern, das mir ein Forschungsfreisemester gewährte, ebenso wie „mein" Herausgeber Prof. Dr. Karl Heinrich Kaufhold, der das Manuskript aufmerksam las und zahlreiche wertvolle Anregungen gab. Von der kritischen Lektüre durch Prof. Dr. Lothar Gall und Dr. Adolph Dieckmann profitierte ich ebenso wie vom fachlichen Rat meiner Kollegin Prof. Dr. Renate Pieper. In Greifswald machten wie immer Dr. Nils Jörn und vor allem Dr. Martin Krieger wichtige Verbesserungsvorschläge an den verschiedenen Fassungen des Textes. Corina Heß, Tobias Freitag und Robert Riemer recherchierten, bestellten und kopierten die nicht immer einfach zu beschaffende Literatur. Doreen Wollbrecht erstellte – neben all ihren anderen Aufgaben – gewohnt zuverlässig die Druckvorlage. Dafür sei ihr besonders herzlich gedankt.

Ich widme dieses Buch meinem Vater Gottfried North zum 18. Januar 2000. In „seinem" Bundespostmuseum begegnete mir vor 35 Jahren zum ersten Mal das Phänomen der Kommunikation.

Greifswald, im August 1999   Michael North

I. Enzyklopädischer Überblick

A. Einleitung

Die Wirtschaftsgeschichte der Frühen Neuzeit wurde maßgeblich durch die europäische Expansion nach Übersee bestimmt. Mit der Eroberung zahlreicher Gebiete der Alten und der Neuen Welt durch Spanier und Portugiesen, später durch Niederländer, Engländer und Franzosen, wurden große Teile der Erde kolonialisiert und europäisiert. So entstand ein internationales Weltsystem, das erstmals eine weltweite Arbeitsteilung ermöglichte. Gleichzeitig verlagerte sich der ökonomische Schwerpunkt Europas allmählich vom Mittelmeer zum Atlantik.

Im Zuge dieses Prozesses wandelten sich die europäischen Kommunikations- und Handelsstrukturen ebenso wie die Währungssysteme und die Kreditbeziehungen. In dem Maße wie der Handel und der Schiffsverkehr nach Ostindien und Westindien zunahmen, stiegen neue Handelszentren auf: Antwerpen, das vom portugiesischen Gewürzhandel ebenso wie vom Kontinentalhandel profitierte, sowie Lissabon und Sevilla, in denen die Casa da India bzw. die Casa de la Contratación den Handel mit der Alten bzw. Neuen Welt organisierten und monopolisierten. Gleichzeitig bildete sich mit der Post ein neues Kommunikationsnetz heraus, das einerseits den Notwendigkeiten des Handels und andererseits dem politischen Nachrichtenbedürfnissen der Habsburger Rechnung trug und sich auf die Route Antwerpen-Brüssel-Innsbruck mit Abzweigungen nach Italien und Spanien konzentrierte.

Via Portugal und Spanien kamen afrikanisches Gold und amerikanisches Silber nach Europa, die nicht nur die europäischen Währungssysteme beeinflußten, sondern die weitere Handelsexpansion erst ermöglichten. Mit der interkontinentalen Ausweitung des Handels wuchs der Kreditbedarf der Kaufleute. So dauerte eine Schiffsreise von Portugal zu den indischen Gewürzen auf dem Hinweg viereinhalb bis sieben Monate und zurück – von Goa nach Lissabon – noch einmal viereinhalb bis neun Monate. Folglich verlängerte sich der Zeitraum für die Amortisierung des investierten Kapitals; die Kaufleute und Schiffseigner benötigten entsprechend längere Zahlungsfristen. Gleichzeitig wuchs der Finanzbedarf des frühmodernen Staates. Hierbei überbrückten Kaufleute-Bankiers beispielsweise den akuten Finanzbedarf der spanischen Krone bis zum Eintreffen der amerikanischen Silberflotte.

Die Integration des Alten Reiches in die entstehende Weltwirtschaft

Die deutschen Territorien waren in die entstehende internationale Arbeitsteilung der Frühen Neuzeit in unterschiedlichem Maße einbezogen. Während sich nur wenige oberdeutsche Handelshäuser, wie die Welser, direkt an den Ostindienfahrten der Portugiesen oder an den Handelsniederlassungen in Venezuela beteiligten, lieferten sie via Antwerpen Kupfer und europäisches Silber, die für den portugiesischen Afrika- und Indienhandel benötigt wurden. Gleichzeitig versorgten die Ostseeanrainer die entstehende Weltwirtschaft mit Getreide, Holz und Waldwaren. Im folgenden Überblick soll dem Problem der Integration und Desintegration auf den Gebieten von Handel und Finanz nachgegangen werden. Zentrale Faktoren waren dabei Kommunikation und Verkehr, die zunächst politisch-militärischen und ökonomischen Interessen folgten, sich später aber zu eigenständigen Dienstleistungszweigen auf einem entstehenden Informationsmarkt entwickelten.

B. Kommunikation und Verkehr

1. Kommunikation

Kommunikationssysteme

In der Frühen Neuzeit änderten sich die europäischen Kommunikationssysteme grundlegend. Sie nahmen dabei einerseits die Impulse der europäischen Expansion und des intensivierten Seeverkehrs auf, andererseits entstanden durch neue Medien und Organisationsformen neue Kommunikationsstrukturen, die die Historiker von einer „Kommunikationsrevolution" haben sprechen lassen.

Das Kaiserliche Postwesen unter den Taxis: Routen und Geschwindigkeiten

Dabei waren es zu Anfang politische (Kommunikations-)Bedürfnisse des durch das Burgundische Erbe expandierenden Habsburgerreiches, die Maximilian I. 1490 veranlaßten, eine kaiserliche Post unter der unternehmerischen Führung des Hauses Taxis zu gründen. Jedoch blieb die Kommunikation nicht lange auf die Habsburger und die anfängliche Strecke Innsbruck-Brüssel beschränkt. Die chronische Unterfinanzierung der Post zwang die Taxis dazu, auch Postdienstleistungen für Privatleute, z.B. für die Augsburger Handelshäuser, aber auch für Fürsten und Städte anzubieten. Aus der dynastischen Kommunikationsverbindung entstand so im ersten Jahrzehnt des 16. Jahrhunderts eine quasi öffentliche Einrichtung mit regelmäßigem Verkehr und geordnetem Tarifsystem, für das sich bald die Bezeichnung „Ordinari-

Post" durchsetzte. Den Kern der Postverbindung bildete die kontinentale Route Antwerpen-Brüssel-Augsburg-Innsbruck-Venedig-Rom-Neapel, die einmal wöchentlich bedient wurde und an die viele Städte durch eigene Boten angebunden waren. Die Beförderungszeiten innerhalb Europas wichen trotz verschiedener Regelungsversuche stark voneinander ab. So sicherten die Taxis 1516 vertraglich zu, Briefe von Brüssel nach Rom innerhalb von elf bis zwölf Tagen zu befördern. Von Brüssel nach Innsbruck wurden fünf bis sechs Tage veranschlagt. Im Vertrag von 1505 wurde für die Beförderung zwischen Brüssel und Toledo eine Dauer von 12–14 Tagen angesetzt, und bis Granada sollte es 14–18 Tage dauern – Zeiten, die aber vermutlich nur von der Eilpost erreicht wurden. Die Fugger rechneten dagegen bei ihrer Korrespondenz mit einer durchschnittlichen Beförderungsdauer von einem Monat zwischen der Augsburger Zentrale und der Hoffaktorei in Spanien. Die Briefe zwischen Brüssel und dem spanischen Hof waren sechs Wochen unterwegs. So läßt die Auswertung handschriftlicher „Neuer Zeitungen" erkennen, daß die Beförderung einer Zeitung von der Iberischen Halbinsel, d. h. im allgemeinen ab Madrid, nach Antwerpen, Rom oder Genua ebenfalls einen Monat in Anspruch nahm. Zwischen Rom und Venedig benötigte man normalerweise eine Woche. Das war auch der Zeitraum, den die Verbindung Genua-Venedig erforderte. Von Venedig bzw. Antwerpen nach Augsburg hatte man etwa zwei Wochen anzusetzen und von Augsburg nach Wien weitere fünf Tage, so daß eine Meldung, die über eine Neue Zeitung aus Spanien nach Augsburg gesandt und über Venedig oder Antwerpen vermittelt wurde, vier bis sechs Wochen benötigte.

Aber nicht nur die Taxis errichteten ein funktionierendes Postnetz, das sie im 17. Jahrhundert reichsweit auszubauen versuchten, sondern auch die bedeutendsten Städte wie Nürnberg, Augsburg, Frankfurt, Köln und Hamburg modernisierten ihr städtisches Botenwesen. Die Hamburger Kaufmannsschaft stellte zum Beispiel seit 1580 die bisherigen Regelungen für den Botenverkehr auf den Routen nach Amsterdam (1580), Lüneburg (1583), Köln (1586), Leipzig (1594), Danzig (1597), Kopenhagen (nach 1602) und Lübeck (1625) in speziellen Botenordnungen zusammen und erließ zusätzlich 1607 und 1641 allgemeine Botenordnungen.

Festgelegt wurden darin die Briefgebühren, der zentrale Posteingang und -abgang an der Börse sowie die wöchentliche Frequenz der Boten. Während die Route nach Amsterdam zweimal wöchentlich (mittwochs und samstags) bedient wurde, ging die Post nach Lübeck täglich, nach Danzig, Leipzig und Kopenhagen einmal in der Woche

Städtisches Postwesen

ab. Auf diese dezentralen Verbesserungen der Kommunikation antwortete die Reichspost, die unter dem Mantel eines kaiserlichen Postregals am wachsenden Briefaufkommen partizipieren wollte, mit der Gründung eigener Postämter in Köln, Frankfurt, Nürnberg, Hamburg, Leipzig, Regensburg und Erfurt.

Landesherrliche Staatsposten: Kurbrandenburg   In den 1640er Jahren errichteten auch norddeutsche Territorien eigene Staatsposten, die sich möglicherweise an dem Vorbild der schwedischen Postverwaltung im Reich wie in seinen Ostseebesitzungen orientierten: Motiv war vor allem die Ausbildung der territorialen Landeshoheit, die auch auf die Kommunikationskanäle ausgedehnt werden sollte, auch wenn dadurch bestehende Kommunikationsverbindungen wie die städtischen Botennetze zerschnitten wurden. Vergleichsweise effektiv war dabei Kurbrandenburg, das in seinen Territorien 1649 einen West-Ost-Postkurs zwischen Kleve und Memel errichtete, der von Postreitern bedient wurde. Von diesem Kurs stellte die schwedische Post einen Anschluß nach Riga, Reval und Dorpat her, der wiederum über Postschiffe mit dem schwedischen Mutterland verbunden war.

Auf dem preußischen Postkurs erreichten die Postreiter durch häufige Pferdewechsel Beförderungszeiten von 10 Tagen zwischen Kleve und Memel und von nur vier Tagen auf der Strecke Berlin-Königsberg. In den 1660er Jahren wurde dann der brandenburgische Postkurs in eine Fahrpoststrecke umgewandelt. Eine Alternativstrecke boten Reichspost und sächsische Post auf der Route Aachen-Köln-Frankfurt-Leipzig und von dort aus über Warschau mit der polnischen Post nach Rußland.

Postfrequenzen   Im 18. Jahrhundert ging es dann in erster Linie um die Überwindung technischer Schwierigkeiten, die Optimierung der Strecken und die Erhöhung der Verkehrsfrequenz. Wichtige Strecken wurden wöchentlich, die allerwichtigsten, wie z.B. der Kurs Paris-Frankfurt-Dresden, mit sogenannten Journalieren, täglich verkehrenden Postkutschen, bedient, woraus sich schon die Anfänge einer Kundenorientierung ablesen lassen. Damit einher gingen Verbesserungen in der Briefbeförderung und im Zeitungsvertrieb im Dienste der aufgeklärten Kommunikation.

Schnellpost   Ein eigentlicher Innovationsschub setzte aber erst mit der Einführung der Schnellpost im beginnenden 19. Jahrhundert ein. Nach dem Vorbild Frankreichs, das seinen Depechendienst auch der Personenbeförderung geöffnet hatte, kam auch der preußische Generalpostmeister, Gottlob Heinrich Schmückert, auf die Idee, Personen mit der Geschwindigkeit der reitenden Post zu befördern, und setzte jene 1821 auf der

Strecke Koblenz-Köln-Düsseldorf in die Tat um. Neben dem Einsatz neuer gefederter Wagen und der Verbesserung der Straßen waren es vor allem organisatorische Maßnahmen wie die Beschränkung des Gepäcks (und damit des Ein- und Ausladens) auf 10 Pfund, die Verkürzung des Pferdewechsels auf 5 Minuten und die Lösung der Fahrkarte vor Fahrtantritt, die zu einer Verkürzung der Fahrzeit um 30–50% führten.

2. Die mediale Revolution

Ähnlich wie die Institution Post neue Kommunikationsstrukturen schuf, brachte der Wandel der Medien den Umbruch der Kommunikationssysteme. Zentrale Bedeutung besaß hierfür die Erfindung des Buchdruckes mit beweglichen Lettern durch Johannes Gutenberg um 1460 und seine Anwendung in großem Stil im Zeitalter der Reformation. Um 1500, knapp ein halbes Jahrhundert nach der Gutenbergschen Erfindung, waren ca. 28 000–30 000 Titel gedruckt, und im Laufe des 16. Jahrhundert sollte die Zahl der Titel auf 140 000–150 000 (bei Auflagenzahlen von jeweils 1000–1500 Exemplaren je Titel) anwachsen. Es wurden während des 16. Jahrhunderts im deutschen Sprachraum mindestens 70–90 Mill. Bücher produziert. So entstand ein Netz von Autoren, Druckern, Verlegern, Buchhändlern und Lesern, das die Reichweite des Kommunikationsprozesses vergrößerte und damit das Kommunikationssystem veränderte. Das beliebig zu vervielfältigende Massenmedium Buch ermöglichte nämlich zum ersten Mal eine zeit- und raumversetzte Kommunikation, da es Inhalte zeit- und ortsungebunden verfügbar und reproduzierbar machte. Das begünstigte fast alle neuen Wissenschaften, gleich ob es sich um Alchimie, Botanik, Mathematik oder Metallurgie handelte, die ihr Wissen handbuchmäßig verbreiten konnten. *Buchdruck*

Ein weiteres neues Medium des 16. Jahrhunderts war das Pamphlet oder Flugblatt, eine auf aktuelle Anlässe bezogene Gelegenheitsschrift. Durch Druckerzeugnisse dieser Art erhielten mehr Menschen als je zuvor Informationen über die Abläufe politischer Ereignisabläufe und damit Möglichkeiten, daran mitzuwirken. Es entstand erstmals ein System des öffentlichen Meinungsaustausches, eine neue politische Kultur. *Flugblätter und Zeitungen*

Mindestens ebenso wichtig wie das Pamphlet war die Zeitung. Die ersten Zeitungen, die *avvisi* oder „Neue Zeitungen" hießen, wurden von berufsmäßigen Zeitungsschreibern, den sogenannten Novellanten, in Rom, Venedig oder Antwerpen auf der Basis der dort eintreffenden Nachrichten verfaßt. Dabei konnte ein Zeitungsschreiber in der Woche zunächst nicht mehr als 15–20 Zeitungen handschriftlich herstellen, so daß die Neuen Zeitungen mit Nachrichten aus der Alten und Neuen Welt auf einen exklusiven Leserkreis beschränkt waren. Zu den Abonnenten zählten der Kaiser, die Herzöge von Urbino, Sachsen, Bayern, aber auch oberdeutsche Kaufleute wie die Fugger, Gelehrte und Magistrate. In den deutschen Bibliotheken finden wir heute noch die Neuen Zeitungen vor allem des 16. Jahrhunderts. Publizität konnte jedoch erst erreicht werden, wenn es gelang, die Zeitungsauflagen auf mehrere hundert Stück in der Woche zu steigern und den Stückpreis deutlich zu senken. Das war nur durch den Druck möglich. Seit 1605 wurden in Straßburg im wöchentlichen Postrhythmus die neuesten Nachrichten (wie sie einkamen) gedruckt. In kurzer Zeit folgten Zeitungsdrucker in Amsterdam, Frankfurt (1615), Hamburg (1618), Danzig (1619) und Köln (1620).

Die neue Medienlandschaft   Insgesamt entstand im 16. Jahrhundert ein mehrgliedriges Kommunikationssystem, in dem die neuen Medien unterschiedliche Aufgaben übernahmen: Das Buch diente der räumlich und zeitlich unbegrenzten Speicherung und dem Transport von Information mit dem Ziel der Wissensvermittlung und Belehrung. Das Pamphlet diente dem politischen Diskurs, indem es die öffentliche Meinung beeinflußte und erstmals ein öffentliches Nachdenken über Religion und Gesellschaft in Gang setzte. Die Zeitung schließlich erschloß aktuell und informativ die Welt, von der sie erstmals die Entwicklung eines Gesamtbildes ermöglichte.

Die bisherigen an soziale Systeme oder Institutionen gebundenen Kommunikationssysteme wurden aufgebrochen und durch ein marktorientiertes System ersetzt. Informationen wurden beispielsweise nicht mehr exklusiv über Mönchsorden, Universitäten oder Kaufmannskontore verbreitet, sondern gelangten auf einen Informationsmarkt, an dem jeder ebenso wie am Nachrichtensystem der Post – soweit er die hohen Kosten aufzubringen vermochte – teilhaben konnte. Diese „Demokratisierung" der Kommunikation ermöglichte die Bildung einer öffentlichen Meinung und trug so zu einer wachsenden (Bewußtseins-)Bildung auf den Gebieten Politik, Religion, Gesellschaft, Wirtschaft und Wissenschaft bei.

3. Seeverkehr

Verkehrssysteme Mit der europäischen Expansion nach Übersee veränderten sich auch die Verkehrssysteme. Zwar betraf der Wandel primär den Seeverkehr nach Übersee, aber als Folge davon wurden auch die europäischen Verkehrssysteme neu geordnet. Bedingt durch den transatlantischen Verkehr (auch die Indienfahrt führte über den Atlantik) wurden Sevilla und Lissabon die Zentren der Kommunikation mit der Neuen Welt und Asiens; neben ihnen spielte noch Antwerpen eine Mittlerrolle, bevor Amsterdam im 17. und London im 18. Jahrhundert diese übernahmen.

Voraussetzung und auch Folge des interkontinentalen Schiffsverkehrs waren neben Fortschritten in der Navigation und Kartographie vor allem die Innovationen im Schiffbau. Hierzu gehört in erster Linie der Übergang von der mittelalterlichen Klinkerbauweise zur modernen Kraweelbeplankung. Waren die Schiffe in Nordeuropa durch klinkerweise vernietete Planken hergestellt worden, so wies die portugiesische Karavelle eine glatt aneinandergefügte Außenbeplankung auf, die dem Schiff eine größere Dichtigkeit gab und es auch ermöglichte, größere Einheiten zu bauen.

Innovationen im Schiffbau

Der Typ der Karavelle, der seit der Mitte des 15. Jahrhunderts in nordeuropäischen Gewässern auftauchte, wurde nicht nur in Holland und in Danzig nachgebaut, sondern gab auch der ‚kraweel' ihren Namen, während für die größeren Schiffe im Mittelmeer die Bezeichnung Karacke aufkam. Nahezu gleichzeitig setzte sich im Mittelmeer neben dem „Lateinersegel" das Rahsegel des Nordens durch. Es wurde möglich, die Schiffe mit mehreren Masten zu versehen und die Segelfläche zu teilen, was für die interkontinentale Schiffahrt entscheidend werden sollte. Weitere Schiffstypen, die überregionale Bedeutung gewannen, waren der holländische Bojer, ein flachbodiges Schiff mit Sprietsegel, das in der Nord- und Ostseeschiffahrt eingesetzt wurde, und vor allem die Fleute. Sie wurde aus leichterem Holz nach einheitlicher Konstruktion in großer Anzahl gebaut und war für die verschiedensten Handelsgebiete geeignet. Die Standardisierung dieses Bautyps senkte die Produktions- ebenso wie die Betriebskosten des Schiffes, machte den Massenguttransport rentabel und trug zur langfristigen Überlegenheit der Niederlande im Schiffbau und in der Frachtfahrt bei. Zwar wurden im 17. Jahrhundert auch in Lübeck, Hamburg, Bremen und Emden Fleuten gebaut, aber ihre Zahl war zu gering und die Baukosten waren zu hoch, um für die Niederländer eine ernsthafte Konkurrenz darzustellen.

In den 1580er Jahren wurde z.B. bereits die Hälfte der Danziger Im- und Exporte auf niederländischen Schiffen transportiert, und der Anteil der Niederländer am Ostseehandel stieg im 17. Jahrhundert auf 60–70% des Frachtaufkommens, während sich die Städte der deutschen Nord- und Ostseeküsten den Rest teilten. Neben der Ostseefahrt durch

Dominanz der niederländischen Handelsschiffahrt

den Sund gehörten die Verbindungen zu Frankreich, Spanien und Portugal zu den wichtigsten europäischen Routen der Niederländer. Während des zwölfjährigen Waffenstillstandes mit Spanien (1609–21) übernahmen die Niederlande auch Transportdienste im Mittelmeeraum und stellten ebenso die Verbindung zwischen der Ostsee bzw. Archangelsk und Livorno her. Der Ablauf des Waffenstillstandes eröffnete dann wie bereits die Hungersnöte der 1580er und 1590er Jahre hansischen Schiffern die Möglichkeit, an der Mittelmeerfahrt zu partizipieren. Aber die Verstärkung der niederländischen Präsenz nach dem Westfälischen Frieden, die wachsende von Colbert geförderte französische Mittelmeerfahrt und die durch die Piraten der Barbareskenstaaten drohende Gefahr ließen die Hamburger und Lübecker Schiffahrtsaktivitäten marginal bleiben. Entsprechend waren sowohl Hamburg als auch Lübeck für ihren Handel weitgehend auf niederländische, im 18. Jahrhundert auch auf englische, französische und dänische Schiffskapazitäten angewiesen.

Rückgang der Hamburger Seeschiffahrt   Hinzu kam, daß z. B. die Hamburger Handelsflotte zwischen 1674 und 1765 einen Tonnagerückgang um 60% zu verzeichnen hatte (1674: 309 Schiffe mit 23822 Tonnen; 1765: 85 Schiffe mit 8890 Tonnen). Erst in den 1790er Jahren erreichte die Hamburger Flotte wieder den Tonnagestand des ausgehenden 17. Jahrhunderts. Diese Entwicklung war sicherlich durch den wachsenden Getreidehandel stimuliert worden. Eine andere Ursache war der Niedergang des Hamburger Walfangs, der die Reederei (Walfangflotte) nach anderen Betätigungsmöglichkeiten in der Frachtfahrt Ausschau halten ließ. Nicht nur betrieben zahlreiche Walfangreeder nebenbei mit einigen Schiffen Frachtfahrt, vielmehr wurden zunehmend auch die Walfangschiffe in den Ruhemonaten des Walfangs zur Handelsfahrt herangezogen. Charakteristisch für die sich entwickelnde Hamburger Reederei waren der Aufbau von Unternehmen mit bescheidenen Eigenmitteln sowie die große Risikostreuung mit Hilfe der schon aus dem Mittelalter bekannten Partenreederei. So waren z. B. an den Schiffen des Handels- und Reedereiunternehmens Ackermann in den Jahren 1765–1823 insgesamt 83 Mitreeder, zum Teil mit 1/16 Part, beteiligt, während Ulrich Ackermann (1725–1806) seinerseits Anteile an 62 Schiffen anderer Reedereien besaß. Insgesamt hatte im Jahre 1786 die Hamburger Flotte (213 Schiffe, 46724 Tonnen) die Bremer (158 Schiffe, 33400 Tonnen) und die noch im 17. Jahrhundert überlegene Lübecker Flotte (109 Schiffe, 16580 Tonnen) deutlich hinter sich gelassen. Dennoch konnte selbst die expandierende Hamburger Flotte nicht mehr als 20% des Hamburger Handels bewältigen.

4. Binnenschiffahrt

Den Anschluß an Seeverkehr und Außenhandel stellten Binnenschiff- Ausbau des Netzes
fahrt und Landverkehr her. Für die Binnenschiffahrt sprach der be- der Binnenschiffahrt
queme Wasserweg angesichts des schlechten Zustandes der Straßen
und der Schwerfälligkeit des Transports durch Wagen. Jedoch wurden
diese Kostenvorteile oftmals durch die ungeheure Belastung mit Zöllen
der Flußanlieger wieder wettgemacht, so daß man von einer echten
Konkurrenz zwischen Straßen- und Flußsystem sprechen kann. Zentrale Bedeutung besaß die im Hinterland der Nord- und Ostseehäfen be-
heimatete Binnenschiffahrt auf Elbe und Oder, da beide Flüsse das Hinterland bis tief nach Böhmen erschlossen. Schon im 16. Jahrhundert
dachte man an eine Kanalverbindung zwischen Elbe und Oder. Sie
scheiterte jedoch am Widerstand Leipzigs und auch Lüneburgs, das
über Ilmenau und Stecknitzkanal eine Verbindung nach Hamburg wie
nach Lübeck besaß. Eine größere Belebung erfuhr die Elbschiffahrt in
der zweiten Hälfte des 17. Jahrhunderts, als der Kaiser Prag als Tran-
sitzplatz ausbauen ließ; dadurch wurde der Handel zwischen Hamburg,
Sachsen und Böhmen bis hin nach Oberösterreich intensiviert. Gleichzeitig schöpften die Elbanlieger allein auf der Strecke zwischen Pirna
(dem Ausgangspunkt des sächsischen Elbverkehrs) und Hamburg an
33 Stellen Zölle ab, was den Preis der transportierten Güter um etwa ein
Viertel erhöhte. Einen weiteren beschleunigenden Effekt brachte im
ausgehenden 17. Jahrhundert die Fertigstellung des sogenannten Müll-
rosekanals, der Oder und Spree miteinander verband und jene damit an
das Schiffahrtssystem der Elbe anschloß. Trotz der zahlreichen Zollstellen verbilligte sich damit der Transport schlesischer Leinwand nach
Hamburg gegenüber der Landverbindung über Leipzig. Gleichzeitig ermöglichte die neue Verbindung der aufblühenden Residenz- und Ge-
werbestadt Berlin den direkten Zugang nach Hamburg und damit zu
westeuropäischen Importwaren.

Bedeutsam für den Osthandel, insbesondere nach Südosten, war Donau und Rhein
auch die Wasserstraße der Donau, wo Regensburg ein wichtiger Um-
schlagplatz vom Schiff auf den Landverkehr, z. B. für Quecksilber aus
Idria oder Steyrisches Eisen, darstellte. Auf der Donau wurde darüber
hinaus 1696 für die Strecke Regensburg-Wien und 1712 für die Strecke
Ulm-Wien eine planmäßige Linienschiffahrt zum Transport für Waren
und Personen eingeführt. Auf dem Rhein gab es zur gleichen Zeit schon
Massenverkehr, wenn man an die Flöße denkt, die zu sogenannten Hol-
länderflotten zusammengestellt wurden. Außerdem wurde von Holland
aus eine sogenannte Reihe- oder Beurtfahrt auf dem Rhein wie auch

zwischen Amsterdam und Hamburg organisiert. Dabei war die Schiffs-
geschwindigkeit auf dem Rhein wie auf der Donau gering. So benötigte
man von Wien nach Linz 14 (Sommer) – 25 Tage (Spätherbst), für die
kurze Strecke von Passau nach Regensburg 9–15 Tage, wobei bei der
Bergfahrt mit Pferden getreidelt wurde.

Kanalprojekte   Als kurzlebig erwiesen sich zahlreiche Kanalprojekte, aber auch
die Versuche, kleinere Flüsse schiffbar zu machen. Beispielsweise ver-
folgte das Herzogtum Braunschweig-Wolfenbüttel durch die gesamte
Frühe Neuzeit hindurch den Plan, die Oker schiffbar zu machen. Als
dies schließlich 1741 gelang, erwies sich die Okerschiffahrt als unren-
tabel und wurde 1775 wieder eingestellt. Auch der Versuch Hessen-
Kassels, seine Hauptstadt Kassel mit Hilfe eines Kanals über das 1699
gegründete Karlshafen mit der Weser zu verbinden, wurde 1730 aufge-
geben. Das einzig wirklich erfolgreiche Kanalunternehmen neben dem
bereits erwähnten Müllrosekanal war der Schleswig-Holsteinische
Kanal, der 1784 über 16 Schleusen eine Verbindung zwischen Nord-
und Ostsee herstellte und dazu teilweise das Flußbett der Eider nutzte.
Er war der modernste Kanal seiner Zeit, da ihn Seeschiffe bis zu einer
Tonnage von 250 Tonnen befahren konnten. Entsprechend stieg die
Zahl der Schiffspassagen von 438 (1784) über 853 (1790), 1822 (1795)
auf 2117 (1800) an, um in den Jahren der englischen Elbblockade
(1802/03) über 3000 zu betragen.

5. Landverkehr

Verlagerung der   Wie die Expansion des Interkontinentalhandels durch die Seeschiffahrt
Landhandelswege   maßgeblich beeinflußt war, wurde der Aufschwung des Kontinental-
am Beginn der   handels im 15. Jahrhundert vom Landverkehr getragen. Bedingt durch
Frühen Neuzeit   die Gefahren des Hundertjährigen Krieges, den Niedergang des traditionellen flämischen Wolltuchgewerbes und die zunehmende Attraktivität der Brabanter Messen verlagerte sich der italienische Handel von
der Seeroute nach Brügge auf die Kontinentalroute, die über die Al-
penpässe und Oberdeutschland nach Antwerpen führte. Dabei entwik-
kelte sich Mailand zum Speditionszentrum für die transalpinen Handelsrouten, wobei die Verbindung über den Gotthard und Basel nach
Antwerpen besonders zwischen 1530 und 1570 große Bedeutung besaß. Wichtige Alternativen bildeten die Bündener Pässe bzw. der Bren-
ner, die Venedig via Nürnberg oder Augsburg/Ulm, Frankfurt/Mainz
und Köln mit Antwerpen verbanden. Welche Routen dabei individuell
von den Kaufleuten benutzt wurden, hing sowohl von politischen und
kriegerischen Ereignissen wie dem Aufstand der Niederlande als auch

von Zollstellen und der Kombination bestimmter Märkte und Absatz-
gebiete ab.

Viel stärker noch bestimmten der Wechsel von Krieg und Frieden **Kriegskonjunktur**
im 17. und 18. Jahrhundert die zu nutzenden Transitmöglichkeiten. Die **und Überlandhandel**
jetzt mit gleicher Heftigkeit zu See und zu Land geführten Auseinan-
dersetzungen zwischen den Niederlanden und England, dem Reich und
Frankreich sowie zwischen England und Frankreich und die damit einhergehenden Belastungen des Verkehrs durch Freibeuter und Handels-
boykotte bewirkten, daß man zwar in Friedenszeiten aufgrund der billi-
geren Frachtraten die Seeschiffahrt bevorzugte, aber in Kriegszeiten
auf die Landrouten auswich. So stimulierte der Krieg Ludwigs XIV.
gegen die Niederlande 1672 den Transithandel durch Deutschland,
während der „Reichskrieg" gegen Frankreich ähnlich wie später der
Spanische Erbfolgekrieg das Schmuggelwesen durch die Schweiz oder
die venezianische Terraferma ankurbelte. Vergleichbares ist auch für
die Landverbindung zwischen Nord- und Ostsee zu sagen, die in Zeiten
der Sundsperrung und Bedrohung aufblüte. Sonst wurde der Verkehr
auf dem alten Landweg zwischen Hamburg und Lübeck durch Zoll-
streitigkeiten und die Beharrung der Lübecker auf ihrem Stapel (das bedeutete Untersagung der freien Durchfuhr unter Umgehung Lübecks)
belastet. Neue Routen bildeten sich aus, als ganz Holstein 1773 Teil des
dänischen Gesamtstaates wurde und sich eine regelmäßige Schiffsver-
bindung zwischen Kopenhagen und Kiel etablierte. Per Frachtwagen
wurde so lange Zeit ein großer Teil des Durchgangsverkehrs zwischen
Hamburg und Kopenhagen über Kiel abgewickelt, bis der Schleswig-
Holsteinische Kanal Abhilfe für den beschwerlichen Landtransport
schuf.

Östlich von Frankfurt am Main stellten im Spätmittelalter Erfurt, **Knotenpunkte des**
Halle und Leipzig wichtige Verkehrsknotenpunkte für den Handel mit **Überlandhandels**
dem Osten und Nordosten dar. So liefen die Verkehrswege von Nürn-
berg via Erfurt, Prag, Breslau oder Frankfurt/Oder in den Ostseeraum.
Während des 16. Jahrhunderts gelang es dann Leipzig, begünstigt
durch die kaiserlichen Meßprivilegien von 1497 und 1507 und unter-
stützt durch die Verkehrspolitik der Kurfürsten von Sachsen, die meisten Ost-West- sowie die Nord-Süd-Verbindungen im östlichen Mitteleuropa an sich zu ziehen. Gleichzeitig baute es seine eigenen Verbindungen nach Bremen, Hamburg, Lübeck und Danzig aus. Davon sollte
im weiteren Zeitverlauf die Verbindung nach Hamburg und weiter nach
Amsterdam am bedeutendsten werden. Komplementär dazu etablierten
sich im Osten die Verbindungen nach Polen (via Posen) und von dort
nach Litauen und Rußland.

6. Organisation und Träger des Landverkehrs

Landwege Straßen und Wege waren bis ins 18. Jahrhundert meist unbefestigte Verbindungen zwischen Städten und Dörfern. Die Übergänge zwischen den Nahverbindungen und den Heer- und Handelsstraßen waren ebenso fließend wie ihr Verlauf. Da die Wege und Straßen, abgesehen von den Marschgebieten, in denen man Bohlenwege baute, generell nicht befestigt waren, weichten sie besonders im Frühjahr und Herbst auf, so daß sie nur schwer passierbar waren. Im Sommer wie im Winter waren die Wege dagegen trocken bzw. festgefroren und gut zu befahren. Alle Schätzungen von Tragfähigkeit und Geschwindigkeiten des Landtransportes sind daher mit Unwägbarkeiten behaftet.

Reisegeschwindig-keiten und Entfernungen So konnte der vierrädrige lenkbare Wagen, der sich um 1500 allgemein durchsetzte, bis zu 2 Tonnen Gewicht laden, während der zweirädrige Karren mit einem Zugtier 1 Tonne Last bewältigen konnte. In unwegsamem Gelände, insbesondere über die Alpen, wurden Maultiere benutzt, von denen eines immerhin mit 200 kg beladen werden konnte. Die Transportgeschwindigkeit der Wagen betrug im Durchschnitt 30 km pro Tag, bei gutem Straßenzustand und auf gerader Straße 40 km und in dringenden Fällen sogar 50 km. Trotz des schlechten Zustandes der Straßen und des geringen Interesses der Landesherren an deren Instandhaltung (gute Straßen wurden zum Teil als militärisch gefährlich eingeschätzt!) erstaunen die großen Distanzen, die die Fuhrleute zurücklegten. So fuhren im ausgehenden 17. Jahrhundert z. B. Regensburger Fuhrleute mit Blechen und Farben, Stahl, Kupferwasser, Vitriol, Steyrischem Eisen und anderen Waren sowie Pottasche, Butter und Hirse über Gera, Zeitz, Naumburg, Eisleben, Aschersleben und Magdeburg, Braunschweig und Berlin nach Bremen und Hamburg, um dort Hering, Tabak, Wein und anderes aufzuladen. Dabei waren die Fuhrleute in der Regel Bauern, die den Fuhrdienst als Nebenerwerb betrieben. Nicht vergessen werden dürfen in diesem Zusammenhang die unzähligen Fuhrdienste, die die Bauern im Rahmen ihrer grundherrlichen Verpflichtungen unternehmen mußten und ohne die der Getreidetransport in die Städte oder die nächsten Häfen und damit die Partizipation Ostelbiens am internationalen Getreidehandel gar nicht möglich gewesen wäre.

Bau von Chausseen Allmähliche Veränderungen im Straßenwesen und Landverkehr traten im 18. Jahrhundert auf. Hierbei waren sowohl das Vorbild der neuen französischen Kunststraßen, der Chausseen, maßgeblich als auch die Einführung neuer Postkurse (siehe oben), die eine Verbesserung der Poststraßen durch Wege- und Brückenbau notwendig machten. In

Deutschland scheint als erstes das Herzogtum Württemberg erkannt zu haben, daß gute Chausseen nicht nur über die Förderung des Handels der Staatskasse zugute kamen, sondern auch fiskalisch besser ausbeutbar waren als die bisherigen Wege. 1737 startete Württemberg eine Straßenbauinitiative, zu der es auch die Nachbarstaaten zu bewegen suchte, was in der zweiten Jahrhunderthälfte auch gelang. Bis 1790 war das württembergische Chausseenetz auf 301 km angewachsen, aber trotz eines ausgeklügelten Tarifsystems hatten sich die Investitionen für den Fiskus noch nicht amortisiert. Dennoch hatte sich der Binnen- und Außenverkehr Württembergs zwischen 1775 und 1805 sehr verstärkt. Das spiegelt sich auch im Güterverkehr und im Anstieg der Zahl der Fuhrleute auf 127 wider. Ein Teil von ihnen fuhr jetzt hauptberuflich; 34 fuhren nur im Inland, 65 ins Ausland und zurück und 28 besorgten die Durchfuhr. 104 von ihnen hatte keine Konzession und 77 fuhren nur an bestimmten Tagen.

Auch in Bayern schritt die Professionalisierung des Transportgewerbes weiter voran, und auch der Chausseebau machte in der zweiten Hälfte des 18. Jahrhunderts deutliche Fortschritte, die im Rheinland und Westfalen erst unter dem Einfluß der französischen Besetzung zu verzeichnen waren. Ähnlich war die Situation in Norddeutschland, obwohl sich hier mit der Lüneburger Spedition im Einzugsbereich von Hamburg und Lübeck ein professionelles Fuhrwesen entwickelt hatte. In Preußen blockierte Friedrich II. zu Gunsten des Ausbaus von Kanälen eine grundlegende Veränderung des Straßenwesens. Hinzu kam, daß aufgrund der sandigen Böden der Mark Brandenburg und mangels natürlicher Steinvorkommen der Chausseebau vergleichsweise teuer gekommen wäre. Entsprechend beschränkte man sich zunächst auf den Ausbau der Straßen um Berlin bzw. der Route Brandenburg-Berlin-Frankfurt/Oder. Der eigentliche Schub für den Ausbau von Chaussen kam hier nach der Napoleonischen Zeit und bildete eine Voraussetzung für die Einführung der preußischen Schnellpostlinien in den 1820er Jahren.

C. Handel

1. Der europäische Handel in der Frühen Neuzeit

Die Entwicklung des Handels im Europa der Frühen Neuzeit war seit dem ausgehenden 15. Jahrhundert durch einen Aufschwung des Kontinentalhandels geprägt, dessen Stagnation im 17. Jahrhundert durch das

Konjunkturelle Entwicklung

Wachstum des internationalen Seehandels teilweise kompensiert wurde. Im 18. Jahrhundert wiesen dann sowohl der kontinentale Handel wie der Seehandel Wachstum auf. Mit dem kontinuierlichen Wachstum des Überseehandels wuchs die Bedeutung der atlantischen Ökonomie, insbesondere der Niederländischen Republik und später Englands, die die (Handels-)Vorherrschaft Spaniens und Portugals übernahmen.

Die europäischen Messen und der Aufstieg Antwerpens zum „europäischen Weltmarkt"

Der Aufschwung des kontinentalen Handels seit der zweiten Hälfte des 15. Jahrhunderts war im wesentlichen durch die Blüte der Brabanter Messen und des oberdeutschen Handels bestimmt. Bereits zu Anfang des 15. Jahrhunderts entwickelten sich die je zweimal jährlich in Antwerpen und Bergen op Zoom stattfindenden Brabanter Messen zu Hauptumschlagplätzen für englische Tuche. Diese wurden z. B. von den englischen *Merchant Adventurers* als Halbfertigprodukt nach Brabant eingeführt, dort gefärbt und appretiert und als Fertigprodukt sowohl von Hansekaufleuten als auch von Oberdeutschen erworben. Die oberdeutsche Nachfrage nach Tuchen wie der niederländische Bedarf an Silber zogen den expandierenden Handel der Nürnberger und Augsburger Kaufleute mit Silber, Kupfer und Barchent an die Schelde. Hier trafen diese nicht nur auf die Engländer, sondern auch auf die Portugiesen mit ihrem asiatischen Gewürzen und ihrem aus Afrika stammenden Gold und Elfenbein; die Portugiesen wiederum waren für ihren Austausch mit Afrika und Indien auf oberdeutsche Metallwaren sowie auf Kupfer und Silber angewiesen. So begründeten englisches Tuch, oberdeutsche Metalle und „portugiesische" Gewürze Antwerpens Aufstieg zum „europäischen Weltmarkt" im 16. Jahrhundert.

Aufstieg des Handels der nördlichen Niederlande

Als dieser Handel im zweiten Viertel des 16. Jahrhunderts, u. a. durch das Scheitern des portugiesischen Gewürzhandelsmonopols, an Gewicht verlor, verlagerte Antwerpen den Schwerpunkt seines Handels nach Spanien, Italien, Frankreich und England. Als dann Antwerpen während des Aufstandes (1566) und durch die spanische Belagerung wirtschaftlich immer mehr zurückfiel, profitierten davon mehrere andere europäische Hafenstädte, wobei Amsterdam den größten Teil des Antwerpener Handels erbte. Gleichzeitig ging der in einem erheblichen Maße von den Oberdeutschen vermittelte kontinentale Zwischenhandel zwischen dem Mittelmeerraum und Westeuropa zurück. (Ursachen: u. a. Ruin zahlreicher oberdeutscher Firmen in der Umschuldung der französischen Kronfinanzen im sog. Grand Parti sowie den spanischen Staatsbankrotten). An seine Stelle trat die direkte Schiffahrt von Holländern in das Mittelmeer. Seit den 1590er Jahren konkurrierten die Holländer, die bereits die Hanse und deren Frachtfahrt im Ostseeraum dominierten, mit den Italienern im Levantehandel. Spätestens jetzt hatte sich der ökonomische Schwerpunkt vom Mittelmeer endgültig an Nordsee und Atlantik verlagert.

Die Grundlage des holländischen Außenhandels bildete der tradi- Strukturen des tionelle Warenaustausch zwischen Nord- und Westeuropa, in einem niederländischen Gebiet, das sich von den Britischen Inseln im Westen, Gibraltar im Handels Süden bis nach Bergen und zum Finnischen Meerbusen im Norden und Nordosten erstreckte. Man vermittelte Heringe aus der Nordsee, Salz aus der Biskaya und Wein aus Frankreich in den Ostseeraum, wo schwedisches Eisen und Kupfer, in erster Linie aber Getreide, Holz und Waldwaren sowie gewerbliche Rohstoffe (Flachs und Hanf) eingetauscht wurden. Die Niederländer betrachteten den Ostseehandel mit Recht als *moedercommercie*. Das importierte Ostseegetreide ernährte einen großen Teil der Bevölkerung. Das Holz wurde ebenso wie die Nebenprodukte Pech, Teer und Asche für den Schiffbau und die gewerbliche Produktion genutzt. Schließlich ermöglichte der Ostseehandel den Niederländern, auch in anderen Handelsgebieten Fuß zu fassen. So konnten diese im ausgehenden 16. Jahrhundert, als Mißernten West- und Südeuropa heimsuchten, ihr Getreidemonopol für Ostseegetreide ausspielen und den Handel mit Südeuropa intensivieren. Damit änderte sich allmählich auch das Warensortiment im niederländischen Ostseehandel. Nicht mehr allein Hering und Wein wurden nun in den Ostseeraum exportiert, sondern ebenfalls hochwertige Waren wie Gewürze, Zucker, Südfrüchte und Textilien. So kontrollierten die Niederländer neben dem Getreide- und Holzexport bald auch den Import westlicher Fertigwaren und Luxusprodukte.

Auf der Basis dieses Handels dehnten die Niederlande ihre Han- Niederländischer delsgebiete in den Levantebereich sowie auf die Azoren und Madeira Überseehandel: aus. Zu Beginn des 17. Jahrhunderts erfolgte der eigentliche Vorstoß in Handelskompanien den Westindien- und Afrika- sowie in den Ostindienhandel. Der niederländische Westindien- und Afrikahandel ist denn auch untrennbar mit der aggressiven Politik der niederländischen *West-Indische Compagnie* (WIC) verbunden, die 1621 nach Ablauf des zwölfjährigen niederländisch-spanischen Waffenstillstands gegründet worden war und schon bald die Portugiesen aus dem lukrativen Geschäft des Sklavenhandels mit Westindien verdrängte.

Der dynamischste Zweig des niederländischen Handels war zweifellos der Handel mit Indien und Südostasien. Nachdem die erste niederländische Flotte unter Cornelis de Houtmans 1595 auf Java eingetroffen war, vereinigten sich im Jahre 1602 die am Ostindienhandel beteiligten holländischen und seeländischen *voorcompagnieën* zu einer Monopolgesellschaft, der *Verenigde Oost-Indische Compagnie* (VOC).

Die VOC war eine konzessionierte Aktiengesellschaft, die Generalstaaten übertrugen ihr souveräne Rechte und erlaubten ihr, Forts anzu-
legen, Soldaten anzuwerben oder mit ausländischen Herrschern Ver-
träge abzuschließen.

Gewürze, Textilien
und Edelmetalle

Pfeffer und feine Gewürze wuchsen in dem indonesischen Archipel und auf den Molukken. Daher gründete die VOC nahe des Pfeffer-
hafens Bantam auf Java einen Stützpunkt, die Festung Batavia, von
dem aus sie den Gewürzhandel unter Kontrolle bringen konnte. Große
Anstrengungen unternahm die VOC, um in das portugiesische Fakto-
reisystem in Südasien einzubrechen. Es ging dabei um Zimt aus Ceylon
sowie um Textilien von der Koromandelküste und später auch aus Ben-
galen. Insbesondere Baumwolltuche und Seide lösten im ausgehenden
17. Jahrhundert den Pfeffer als dominierendes Handelsgut der VOC ab.
Lukrativ war auch der Handel mit Japan. Die VOC führte Seide, Textilien, Sandelholz nach Japan ein, während die Insel vor allem Edelmetalle lieferte, die die VOC wiederum für den Einkauf in Indien und
im indonesischen Archipel brauchte. Das Verbot des Silberexports aus
Japan 1668 und der Rückgang des japanischen Handels reduzierten
drastisch die asiatischen Silbervorräte der VOC, die daraufhin verstärkt
zur Silbereinfuhr aus Europa übergehen mußte. Hierbei half der niederländische Finanzsektor.

Kontrolle des
Massen- und Luxus-
güterhandels

Voraussetzung für die niederländische Dominanz im Welthandel
war neben der guten Kapitalversorgung die einmalige Kontrolle des
Massen- und des Luxusgüterhandels. Den Luxusgüterhandel konnten
die Niederländer jedoch nur dominieren, weil sie über die technisch
überlegenen verarbeitenden Gewerbe verfügten. Diese profitierten wiederum von den nahezu unbegrenzten Vorräten an Farbhölzern, Chemi-
kalien und seltenen Rohstoffen, die ihnen der Handel beschaffte. Die
Niederlande hatten so einen unvergleichlichen Preisvorteil, der von den
Nachbarstaaten nur durch subventionierte merkantilistische Unternehmungen oder militärische Maßnahmen zunichte gemacht werden
konnte. Zu letzteren gehörten die Handelskriege zwischen England und
den Niederlanden, die zusammen mit der protektionistischen Politik
der merkantilistischen Staaten den Weg für den Aufstieg Englands zur
führenden Handelsmacht im 18. Jahrhundert ebneten, wodurch die Niederlande ihre dominierende Stellung einbüßten.

Atlantischer Drei-
eckshandel und
Märkte in Übersee

Mit der englischen See- und Kolonialherrschaft, die aber im
18. Jahrhundert noch gegenüber dem rivalisierenden Frankreich durch-
gesetzt werden mußte, nahm dann auch der atlantische Dreieckshandel
eine schwungvolle Entwicklung. Aus Europa kamen Fertigwaren nach
Afrika, von Afrika Sklaven nach Amerika und aus Amerika schließlich

Edelmetalle, Rohstoffe, Kolonialprodukte, später vor allem Tabak und
Rohbaumwolle für die englische Textilindustrie. Mit der Zeit gewann
jedoch der direkte Handel zwischen England und Amerika die Priorität
gegenüber dem Dreieckshandel. Nordamerika wurde zum bedeutendsten englischen Exportmarkt in Übersee. Gleichzeitig trieb man die koloniale Expansion und Ausbeutung Asiens, zunächst besonders Benga-
lens, voran. Einerseits wurden damit die asiatischen Märkte für den Absatz europäischer Fertigwaren erschlossen, andererseits veränderte sich
die Struktur der englischen Importe aus Asien: Textil- und Gewürz-
importe gingen im Verhältnis zurück, während die Tee-Einfuhr – der
schwarze Tee entwickelte sich seit dieser Zeit zum englischen Natio-
nalgetränk – immer mehr in den Vordergrund trat.

Mit der Konsolidierung der englischen Herrschaft auf den Welt-   Überseehandel
meeren um die Mitte des 18. Jahrhunderts brach auch eine neue Epoche   Englands und
des englischen Außenhandels an, dessen Dynamik nun nicht mehr   Frankreichs
durch die Importe aus Übersee und die Exporte auf den Kontinent, sondern durch den Export der auf den Britischen Inseln erzeugten Fertigwaren in die „unterentwickelten" Regionen bestimmt wurde. Während
1720 noch 80% der englischen Exporte für den Kontinent bestimmt
waren, gingen in den 1780er Jahren nur noch 45% der Exporte dorthin,
unter denen koloniale Reexporte dominierten. Gleichzeitig erlebten die
von der Plantagenwirtschaft in der Karibik gespeisten französischen
Reexporte um die Mitte des 18. Jahrhunderts einen solchen Aufschwung, daß Frankreich die Funktion eines kolonialen Lagerhauses
für Mittel- und Nordeuropa übernahm. In welchem Maße die Kontinen-
talwirtschaft (insbesondere im Alten Reich) von diesem Aufschwung
der atlantischen Wirtschaft profitierte, wird im folgenden zu untersuchen sein. Dabei stellt sich die Frage, ob die holländische oder englische Entwicklung eine Randerscheinung bleiben bzw. welche Impulse
davon auf die verschiedenen deutschen Regionen ausgehen sollten, deren Handel durch Kriegsereignisse wie den Dreißigjährigen Krieg und
die Regulierungen der merkantilistischen Staaten gehemmt wurde (feh-
lender Wirtschaftsraum, geringe Anbindung an den internationalen
Handel).

2. Handelsräume in Deutschland

Der deutsche Handel in der Frühen Neuzeit war, wenn man ihn aus der   Handelsräume
Perspektive des Heiligen Römischen Reiches betrachtet, in erster Linie
ein Binnenhandel. Aus der Sicht der einzelnen Territorien heraus, die
durch Zölle und andere Handelshemmnisse voneinander abgeschottet

waren, handelte es sich aber um Außenhandel. Für die Überblicksdarstellung empfiehlt es sich demnach, die Ebene der einzelnen Territorien zu verlassen und größere Handelsräume zu rekonstruieren. Innerhalb Deutschlands kann man trotz partieller Überschneidungen und binnenwirtschaftlicher Verknüpfung vier derartige Handelsräume unterscheiden, die sowohl Binnen- als auch Außenhandelsbedeutung besaßen und darüber hinaus noch Anschluß an den internationalen Handel hatten:

1. Der niederdeutsche hansisch geprägte Raum, in dem sich der Schwerpunkt allmählich von der Ostsee (Lübeck) an Elbe (Hamburg) und Weser (Bremen) verschob. Im Binnenland reichte dieser Raum bis nach Braunschweig und Magdeburg.

2. Der rheinische, durch die Hauptwasserstraße des Rheins und seine Lage zu den Niederlanden begünstigte Raum, in dem die Zentren Köln und Frankfurt hervorragten.

3. Der mitteldeutsche, durch die Leipziger Messen und den Osthandel geprägte Raum, in dem die Residenzstädte Berlin und Dresden zu wichtigen Handelsplätzen aufstiegen.

4. Der oberdeutsche, ursprünglich durch Nürnberg und Augsburg bestimmte Raum, der im Laufe der Frühen Neuzeit seine führende Rolle verlor.

Der niederdeutsche Raum

Der niederdeutsche Raum der Hansestädte war seit altersher see- und küstenorientiert. Über Weser, Elbe und Oder belieferten die Häfen ihr weites Hinterland, aus dem sie sich gleichzeitig mit Nahrungsmitteln und Exportgütern versorgten. So exportierte z.B. Hamburg Getreide, Holz, Bier und später auch schlesische Leinwand, während die Stadt Importgüter wie Salz, Hering und Kolonialwaren in die Mark Brandenburg, die Lausitz, Sachsen und Böhmen vermittelte.

Dabei spielte die Größe des Hinterlandes und dessen Zugänglichkeit über Elbe und Oder eine wesentliche Rolle für den Aufstieg Hamburgs gegenüber seinen hansischen Konkurrenten Bremen und Lübeck. Denn der Hanseraum war in der Frühen Neuzeit unter dem Eindruck einer sich ausbildenden Weltwirtschaft hinsichtlich seiner Bedeutung für Deutschland und den Welthandel erheblichen Veränderungen unterworfen. Bereits im ausgehenden 15. Jahrhundert hatten holländische Schiffer und oberdeutsche Kaufleute das Lübecker Ostseehandelsmonopol ausgehöhlt, so daß der oberdeutsche Osthandel zunehmend auf dem Landweg über Breslau und Leipzig und nicht länger über Frankfurt und Lübeck lief.

In der Gegenrichtung wickelten Danzig und Königsberg nur noch einen kleinen Teil ihres Warenhandels über Lübeck ab. Insbesondere im 16. Jahrhundert, als der expandierende Ostseehandel die wachsende westeuropäische Wirtschaft mit den Massengütern Getreide, Holz und Waldwaren, Flachs sowie Hanf zu versorgen begann, reichten die Lübecker Schiffskapazitäten kaum mehr aus, und Kaufleute wie Produzenten im Ostseeraum griffen bereitwillig auf den Schiffsraum zurück, den die Niederländer preiswert anboten. In welchem Maße die Hansestädte Anschluß an die europäische Wirtschaftsentwicklung fanden, hing von ihrer Integration in die atlantische Wirtschaft ab, denn mit dem alten hansischen Warensortiment (Wachs, Hering, Pelze, Fisch im Austausch gegen Tuch und Salz) war eine führende Position im Welthandel nicht lange aufrechtzuerhalten, geschweige denn zu erringen. Deshalb machte Lübeck im ausgehenden 16. Jahrhundert erste tastende Versuche zum Handel mit der Iberischen Halbinsel und transportierte norwegische Hölzer dorthin. Später kamen Getreidefahrten in den Mittelmeerraum, zumeist im Auftrag Hamburger Kaufleute, hinzu, obgleich die niederländischen Konkurrenten übermächtig waren. Allein die französischen Privilegien von 1672 aus der Zeit des Krieges mit den Niederlanden eröffneten den Lübeckern größere Handelsmöglichkeiten, insbesondere des Zwischenhandels mit Wein und Südfrüchten.

In erheblich größerem Maße gelang es Hamburg, am atlantischen Wirtschaftsaufschwung zu partizipieren, indem es den Elbgetreidehandel monopolisierte. Begünstigt wurde Hamburg dabei nicht nur durch sein elb- und oderabwärts reichendes Hinterland, während Lübeck hinsichtlich seiner Ostseelage, Bremen aufgrund der geringen Reichweite seines Flußsystems benachteiligt waren. Mindestens ebenso wichtig war die kontinuierliche Einwanderung niederländischer, portugiesischer (sephardischer) und englischer Kaufleute, die sowohl ihre angestammten Handelsbeziehungen an die Elbe als auch Hamburg kredittechnisch auf das westeuropäische Niveau brachten. Hiervon legen die Wechselordnungen von 1601 und 1603 sowie die Gründung der Hamburger Bank nach Amsterdamer Vorbild 1619 Zeugnis ab. Weitere Faktoren für die Entwicklung im 17. und 18. Jahrhundert waren die permanente Neutralität der Stadt in den europäischen Konflikten, niedrige Hafengebühren sowie die Tatsache, daß Hamburg unversehrt aus dem Dreißigjährigen Krieg hervorgegangen war. Dabei bestimmte zunächst noch die Einwanderung die Handelsbeziehungen, die sich auf England, die Niederlande, Portugal und Spanien konzentrierten. Im 18. Jahrhundert dominierten dann Frankreich und England als Handelspartner. Hamburg importierte aus London Wollwaren sowie die kolonialen Reexporte Tabak, Reis, Kalikos, Zucker und Farbstoffe, während Frankreich mit der westindischen Plantagenproduktion (Kaffee, Zukker, Indigo) und französischen Weinen auf den Hamburger Markt kam. Auf dieser Grundlage vermittelte Hamburg Kaffee und Zucker, der in Hamburg raffiniert und in Zuckerhüte gegossen wurde („Zuckerbäckerei"), nach Mitteleuropa. Im Austausch lieferte die Stadt vor allem Leinen, aber auch Schiffbaumaterial, Metalle und seit den 1770er Jahren zunehmend Getreide nach Frankreich und England.

Der rheinische Raum   Im rheinischen Raum nutzte die Stadt Köln, die auch Hansestadt war, den Rhein und ein gut ausgebautes Straßennetz, um mit Oberdeutschland, den Niederlanden und England Handel zu treiben. Aus dem Hinterland kamen Wein, Holz und Getreide, während vor allem englisches Tuch und Fisch (Hering) in die Gegenrichtung gingen. Später kamen Kolonialwaren hinzu, die aus Amsterdam bezogen und über die Frankfurter Messen abgesetzt wurden.

Frankfurt hatte sich im Spätmittelalter zur Drehscheibe des Fernhandels mit England, Frankreich und den Niederlanden sowie des oberdeutschen Handels mit dem Westen, Norden und Nordosten herausgebildet und dabei die konkurrierenden Messen in Friedberg, Nördlingen, Zurzach auf eine regionale Bedeutung reduziert. Im 16. Jahrhundert profitierte die Stadt wie die 400 km weiter östlich gelegene Messestadt Leipzig vom Aufschwung des europäischen Handels. Dabei stand Frankfurt in enger Verbindung zu Antwerpen und erbte nach der Blockade der Scheldemündung und der Eroberung der Hafenstadt durch die Spanier (1585) auch einen Teil der emigrierenden Kaufmannschaft. Obwohl auch Köln von der niederländischen Emigration profitierte, war hier die Toleranz gegenüber Fremden deutlich geringer ausgeprägt. Protestanten und Calvinisten aus dem Reich, aber auch Italiener und Portugiesen durften nur relativ kurze Zeit in Köln bleiben und verlagerten ihre kaufmännische Tätigkeit nach Hamburg und Frankfurt, während die Rheinmetropole an Bedeutung verlor.

In Frankfurt dagegen fielen insbesondere der Antwerpener Schmuck- und Edelsteinhandel sowie die transferierten Kredittechniken auf fruchtbaren Boden. Der Rückschlag kam mit dem Dreißigjährigen Krieg, als der kontinentale Handel zusammenbrach. Eine Erholung wurde durch die fehlende Kaufkraft nach dem Krieg, aber auch durch die vom Kaiser gegen Frankreich verhängten Handelssperren erschwert. Einen neuen Aufschwung erlebte Frankfurt erst wieder seit der Mitte des 18. Jahrhunderts, als sich die Stadt zum Markt für Luxusgüter und Kolonialwaren für die fürstlichen Residenzen sowie zu einem zentralen Finanzplatz entwickelte.

Der mitteldeutsche Raum   Im mitteldeutschen Raum übernahm Leipzig eine Frankfurt vergleichbare Funktion. Es stieg sogar im Laufe der Frühen Neuzeit zur führenden deutschen Messestadt auf. Leipzig profitierte von seiner günstigen Lage an den Handelsrouten Oberdeutschland-Mitteldeutschland-Hamburg, Rußland-Polen-Deutschland, Ungarn-Regensburg-Mitteldeutschland, sowie Schlesien-Mitteldeutschland-Rheinland. Das Einzugsgebiet der Leipziger Messen umfaßte neben dem Nordwesten, dem sächsisch-thüringischen Raum und Oberdeutschland vor allem die Handelsplätze zwischen Oder und Weichsel, wobei über Hamburg der Anschluß an die westeuropäische Handelswelt hergestellt wurde. Grundlagen für den Aufstieg bildeten die Intensivierung des oberdeutschen Osthandels und der Aufschwung des erzgebirgischen Silberbergbaus, dessen Produkte zumeist in gemünzter Form über die Naumburger und die Leipziger Messen abgesetzt wurden.

Die kaiserlichen Meßprivilegien von 1497 und 1507 begünstigten die weitere Entwicklung Leipzigs maßgeblich. Und während des Dreißigjährigen Krieges litt das politisch von den sächsischen Kurfürsten gestützte und geförderte Leipzig vergleichsweise wenig. Im Gegenteil, es profitierte in starken Maße von der Verlagerung des Warenhandels und der Zahlungsströme, als in der zweiten Hälfte des 17. Jahrhunderts die Ost-Nordwest-Route Leipzig-Hamburg-Amsterdam die alles überragende Bedeutung erhielt. *Entwicklung der Messen in Leipzig*

Begünstigend wirkten dabei die Verlagerung der Absatzorte westeuropäischer Gewerbeeinfuhr weit nach Osten sowie die wachsende Ausdehnung des Leipziger Einzugsgebiets nach Osten und Südosten, so daß sich in Leipzig die Kaufleute Westeuropas mit den zumeist jüdischen Kaufleuten aus Polen, Rußland und dem Balkan austauschten. Darüber hinaus wurden die Leipziger Messen für die exportorientierten Gewerberegionen Brandenburgs, Sachsens, Schlesiens und Böhmens zum Hauptabsatzgebiet. Neben den traditionellen Erzeugnissen, wie Pelzen, Tuchen und Leinwand, wurden die Messen zum Absatzmarkt sächsischer Manufakturproduktion: Porzellan, Seidenstoffe, Damast, Tapeten, Kattun und Wollwaren. Hinzu kam der Buchhandel, der Leipzig zum führenden Buchmarkt machte. Konkurrenz erwuchs Leipzig allenfalls durch Berlin, das als Residenzstadt im 18. Jahrhundert zu einem bedeutsamen Handels- und Gewerbestandort aufstieg und den Handel mit Westeuropa direkt über Hamburg abwickelte, einen Teil seiner gewerblichen Produktion aber auch weiterhin über die Leipziger Messen vertrieb.

Im oberdeutschen Raum ragten Nürnberg und Augsburg heraus, aber auch kleinere Städte wie Nördlingen, Ulm, Memmingen oder Ravensburg hatten an dem Aufschwung des oberdeutschen Handels im 15. und 16. Jahrhundert teil. In Augsburg überwog das Textilgewerbe, *Der oberdeutsche Raum* das wie in allen Zentren zwischen Bodensee, Donau und Lech durch die Barchentweberei geprägt war. Augsburg befand sich im Zentrum zwischen Venedig und Antwerpen, so daß sich sein Handel auf Barchent, Tuche, Baumwolle sowie auf Safran, Gewürze und andere Luxuswaren konzentrierte. Eng verbunden mit dem Handel und der Erteilung von Handelsprivilegien waren die Kredite an Kaiser, Könige und Fürsten, die Augsburger Kaufleute wie die Fugger (siehe unten) gewährten. Nürnberg war durch Metallgewerbe und Metallhandel geprägt. So war diese Stadt durch den Eisenhandel mit der Oberpfalz verbunden, während aus Ungarn Wein und Ochsen eingeführt, vor allem aber über die Donau Edel- und Buntmetalle auf die Edelmetallmärkte in Nürnberg und Frankfurt, später auch nach Leipzig und Antwerpen, gebracht wurden. Hinzu kam der kontinentale Transithandel zwischen Ost und West, Nord und Süd, wobei auch der Kapital- und Überweisungsverkehr zwischen dem hansischen Raum und Italien von Nürnberg aus gemanagt wurde.

Augsburg und Nürnberg

Im Gegenzug erhielten die Oberdeutschen als Sicherheit Nutzungsrechte an Bergwerken in Tirol, Kärnten, Mitteldeutschland, Böhmen, den Karpaten und später sogar in Spanien. Die Edelmetalle setzten sie auf den europäischen Edelmetallmärkten, insbesondere in Antwerpen, ab. Rückschläge bildeten jedoch die Schuldenannullierungen Frankreichs und Spaniens sowie der niederländische Aufstand, der 1585 mit der Einnahme Antwerpens durch die Spanier endete. Während die Augsburger Handelshäuser, die das militärische Engagement Spaniens gegen die aufständischen Niederlande finanziert hatten, einen Großteil ihrer Kredite abschreiben mußten, brachte der Exodus niederländischer Kaufleute nach Hamburg, Köln, Frankfurt oder Nürnberg dort einen Zuwachs wirtschaftlicher Potenz, im Falle Nürnbergs eine Belebung des Textil- wie des internationalen Metall- und Waffenhandels.

Auch wenn die Nürnberger sich jetzt nach Amsterdam ausrichteten (Route: Venedig-Nürnberg-Hamburg-Amsterdam), büßte Nürnberg aufgrund des Dreißigjährigen Krieges und der damit verbundenen Bevölkerungsverluste seine führende Handelsposition ein. Noch schlimmer traf es Augsburg, das bereits im beginnenden 17. Jahrhundert an einer strukturellen Krise seines Gewerbes gelitten hatte. Seine Bevölkerungszahl halbierte sich, während die Bürger durchschnittlich 75% ihres Vermögens verloren. Dennoch lebte Augsburg im ausgehenden 17. Jahrhundert als süddeutscher Geld- und Wechselplatz wieder auf, und im 18. Jahrhundert eröffnete der aufblühende Kattundruck neue Absatzmöglichkeiten. Großhandelszentren wurden nun auch Residenzstädte wie Stuttgart oder München, in denen die Nachfrage nach

Luxuswaren wuchs. Im Umkreis dieser Residenzen entstanden aber wiederum Manufakturen, die nicht allein der Importsubstitution dienten, sondern wie im Falle der Ludwigsburger Porzellan- und Galanteriewarenmanufaktur oder der Ludwigsburger Bijouteriefabrik großenteils nach außerhalb des Herzogtums Württemberg exportierten. So unterhielt die Ludwigsburger Porzellanmanufaktur neben den Niederlassungen in Stuttgart und Heilbronn u. a. auch solche in Den Haag, Köln, Frankfurt, Würzburg, Augsburg und St. Gallen. Einen vergleichbaren Exportradius besaßen die Calwer Zeughandlungskompagnie und das Ulmer Leinwandgewerbe.

Insgesamt sah das 18. Jahrhundert eine allgemeine Belebung des Binnen- und Außenhandels, die sowohl durch das demographische Wachstum in Deutschland als auch durch die anziehende internationale Außenhandelskonjunktur bedingt war. In Deutschland zeigen Regionalstudien eine zunehmende binnenwirtschaftliche Verflechtung des Wirtschaftsraumes, die mit einer Kommerzialisierung von Landwirtschaft und Gewerbe einherging. Gleichzeitig stimulierte die englische Getreidenachfrage den Getreideexport der ostelbischen Güter und partiell auch die Kommerzialsierung von deren Getreideproduktion. Mindestens ebenso groß war der Einfluß auf die deutschen Leinenregionen, deren Exporte (über England und Spanien) nach Übersee wertmäßig den größten Teil der deutschen Ausfuhr ausmachten, wenn man die preußische Handelsstatistik zugrunde legt.

3. Organisation und Träger des Handels

Im frühneuzeitlichen Handel sind wie in der Gegenwart verschiedene Handelsstufen und Betriebsformen (und diesen entsprechend Marktplätze) zu unterscheiden. Die unterste Stufe bildete der Lokalhandel. Er spielte sich innerstädtisch oder zwischen Stadt und Umland bzw. verschiedenen Produktionszentren ab. Gehandelt wurden Nahrungsmittel und andere Güter des täglichen Bedarfs, die entweder von Krämern oder Handwerkern (Bäckern, Fleischern etc.) in ihren Läden oder von ihnen und anderen Produzenten (Bauern) auf den Wochenmärkten abgesetzt wurden. Wochenmärkte fanden in der Regel ein- bis zweimal in der Woche statt, gewöhnlich in der Stadt, aber auch in den Marktflekken des flachen Landes.

Lokalhandel

Dabei konnten Städte wie Hamburg oder Augsburg bis zu 20 verschiedene Märkte haben. In weniger urbanisierten Territorien wie in Bayern gab es 1794 z. B. 34 städtische und 90 ländliche Märkte, d. h. einen Marktplatz auf 7300 Einwohner. Insgesamt war die Marktdichte

Märkte

dort am größten, wo relativ wenige Städte vorhanden waren. Ständig wurden darüber hinaus neue Märkte gegründet, in Württemberg z. B. zwischen 1648 und 1848 jährlich ein bis zwei neue Märkte, ohne daß sich Funktion und Warensortiment grundlegend änderten. Im Vergleich zu den Wochenmärkten zeichneten sich die Jahrmärkte durch ein größeres Warensortiment aus. Dauerhafte gewerbliche Produkte spielten dabei ebenso eine große Rolle wie Vieh, insbesondere Pferde, Ochsen und Kälber. Daneben zogen zahlreiche Jahrmärkte als Zentren des regionalen oder territorialen Handels auch Kaufleute aus größerer Entfernung an.

Messen   Der Übergang vom Jahrmarkt zur überregionalen Messe war also fließend. Wesentliche Unterschiede gab es bei der kaufmännischen Präsenz. Während sich auf den Jahrmärkten Produzenten und Kaufleute, Händler und Kunden trafen, diente die Messe vorrangig dem Austausch von Kaufmann zu Kaufmann. Internationale Bedeutung für Warenhandel, Zahlungsverkehr und Kredit hatten dabei die Frankfurter und die Leipziger Messe, während die Messen von Nördlingen, Naumburg, Frankfurt/Oder, Braunschweig (seit 1681), Breslau (seit 1742) oder Mainz (seit 1748) eher eine regionale Rolle spielten.

Börsen   In engem Zusammenhang mit den Messen entstanden die Börsen, die entweder deren Funktion des Zahlungsverkehrs übernahmen, sie zum Teil aber auch als ganzjähriger Markt ablösten. An Börsen werden vertretbare (fungible) Güter wie Wechsel und Wertpapiere nach Maß, Zahl oder Gewicht gehandelt, ohne daß diese besichtigt werden. Im Auftrag von Kaufleuten sind daher Makler als Vermittler an der Börse tätig: in Hamburg waren das im beginnenden 18. Jahrhundert zum Beispiel Waren-, Wechsel-, Geld-, Schiffs-, Versicherungs- und Immobilienmakler. Dabei verlief die Entwicklung der Börsen sehr verschieden. Nicht alle Börsen wurden offiziell gegründet und institutionalisiert. In Augsburg wurden zwar regelmäßig Wechsel an der „Kaufleutestube" gehandelt, es gab aber keine Gründung einer Börse, während Hamburg schon 1558 nach Antwerpener Vorbild eine Börse gründete, ein spezielles Börsengebäude errichtete und dort den Handel zentralisierte.

In Frankfurt fand der Übergang vom Wechselhandel an den Meßterminen zum wöchentlichen börsenmäßigen Wechselhandel im beginnenden 17. Jahrhundert statt. Im ausgehenden 18. Jahrhundert gewann dann der Finanzplatz Frankfurt als Effektenbörse für Staatspapiere zentrale Bedeutung im Heiligen Römischen Reich. In Leipzig dagegen fungierte die Messe weiterhin als Börse, da trotz Anregungen aus der Kaufmannschaft und des Baus eines Börsengebäudes die Nachfrage nach regelmäßigen Börsenterminen außerhalb der Messe zu gering blieb.

Das Spektrum der Träger dieses Waren- und Finanzverkehrs reichte vom Großkaufmann über den Krämer und Detaillisten bis zum Hausierer. Die charakteristische Form des Handelsunternehmens im Spätmittelalter und auch noch im 16. Jahrhundert war die Familiengesellschaft, in der verschiedene Familienmitglieder am Geschäft mitwirkten. Gleichzeitig versuchte man, durch die Aufnahme von Angestellten als Gesellschafter sowie durch Depositen von außen die Kapitalbasis der Firma zu erweitern. Dabei wurde in der Regel zwischen einem kleineren Kreis von Hauptgesellschaftern, die das Stammkapital stellten und die zentralen Firmenentscheidungen trafen und unbeschränkt hafteten, und den (stillen) Teilhabern unterschieden. Letztere hafteten mit ihrem Kapitalanteil und hatten einen Anspruch auf Gewinnbeteiligung. Im Laufe des 16. Jahrhunderts setzte dann ein Konzentrationsprozeß ein, im Zuge dessen der Gesellschafterkreis verkleinert und zunehmend auf die Kernfamilie beschränkt wurde. Paradebeispiel sind die Fugger, bei denen Jakob Fugger und später Anton Fugger als einzige „Regierer" gleichsam als Alleinvorstand das Unternehmen leiteten und als Arbeitgeber für die sich bildende Berufsgruppe der Handelsdiener (Kopisten, Schreiber, Buchhalter, Kassierer, Faktoren) und der kaufmännischen Angestellten fungierten. *Träger des Handels*

Mit diesem Strukturwandel war zwar eine Konzentration der Gewinne, aber gleichzeitig auch eine Erhöhung der (fixen) Lohnkosten verbunden. Kapital mußte in zunehmendem Maße auf dem Kapitalmarkt aufgenommen werden, auch wenn dieses langfristig als Investition in den Bergbau oder durch Darlehen an Fürsten gebunden war. Zahlungsverzögerungen und -einstellungen der Schuldner konnten so schnell das Kreditgebäude zum Einsturz bringen. Trotzdem bevorzugten auch die nach den Konkursen des dritten Viertels des 16. Jahrhunderts aufsteigenden Firmen der Paler oder Rehlinger diese Organisationsform. *Zahlungsmoral – Gewinn und Verlust*

Dennoch ging der Trend langfristig zum Einzelunternehmen, die im Norden schon immer, aber auch in Nürnberg im beginnenden 17. Jahrhundert – möglicherweise unter dem Einfluß zuwandernder ausländischer Kaufleute – dominierten. Hier spielten die bekannten patrizischen Nürnberger Großhandelshäuser des 16. Jahrhunderts wirtschaftlich nur noch eine untergeordnete Rolle, wenn wir dafür die Umsätze des Nürnberger Banco Publico als Maßstab anlegen. *Einzelunternehmen*

Keine Verbreitung fand in Deutschland die Organisationsform der Handelskompanie, die als „institutionelle Innovation" die Kolonialhan- *Handelskompanien* delswelt der Niederlande und Englands prägte. Die Handelskompanie ging nicht nur auf dem Gebiet der Kapitalbeschaffung als Aktiengesellschaft neue Wege, sondern auch in der Verfolgung langfristiger strategischer Unternehmensziele, die ein Vorstand in der Regel unabhängig von kurzfristigen Gewinninteressen durchsetzte. Zwar versuchte Brandenburg, beraten von niederländischen Projektemachern, in der Hoffnung auf Gewinne und Prestige dieses Modell zu adaptieren, aber die Gründung einer Brandenburg-Afrikanischen Kompanie erwies sich ebenso als Fehlschlag wie die Kompaniegründungen unter Friedrich dem Großen.

Handelsgüter aus Übersee

Das bedeutete, daß die Konsumenten in Deutschland auf niederländische, englische und später vor allem französische Vermittlung der Kolonialprodukte angewiesen waren. Diese gelangten in die Hafenstädte der deutschen Nord- und Ostseeküste und wurden von dort durch Zwischen- und Kleinhändler zum Konsumenten vermittelt. Teilweise kombinierten Kaufleute die Einfuhr von Kolonialwaren in Gewerbelandschaften mit der Ausfuhr von Leinwand über die Hafenstädte. Neben dem Krämer oder Detaillisten übernahmen auch Hausierer den Vertrieb von Kolonialwaren.

Kaufmannschaft: Strukturen und soziale Gliederung

Insgesamt war die frühneuzeitliche Kaufmannschaft, sowohl was das Spektrum ihrer Tätigkeit als auch was ihre soziale Stellung angeht, sehr differenziert. Handel war oft nur ein Geschäftszweig. Viele Großkaufleute waren Kaufleute-Bankiers, die Fernhandel mit Wechsel- und anderen Kreditgeschäften kombinierten und bisweilen zusätzlich im Speditionsgeschäft und in der Reederei tätig waren. Hinzu kam die Tätigkeit als Verleger und im 18. Jahrhundert als Manufakturunternehmer in der gewerblichen Produktion. Auch der Übergang vom Handwerker zum Krämer war fließend, während in den Gebieten östlich der Elbe oftmals die Krüge (Gastwirtschaften) auch Kramladenfunktion hatten. Schließlich wurde auch der Hausierhandel oftmals nebengewerblich von Bauern oder Landhandwerkern betrieben.

Was die soziale Differenzierung betrifft, ergaben sich erhebliche Unterschiede in bezug auf Stand, Korporation, Vermögen, ethnische Herkunft sowohl innerhalb einer Stadt als auch zwischen den Städten eines Territoriums. Darüber hinaus dürfen die erhebliche soziale Mobilität in dieser Berufsgruppe, in der Aufstieg und Fall dicht beieinander lagen, nicht unterschätzt werden. Als Beispiel mag die „Kaufmannspyramide" dienen, die Rolf Straubel für Berlin und Magdeburg im 18. Jahrhundert rekonstruiert hat. An ihrem Fuß rangierten die Berliner Materialisten (Krämer des täglichen Bedarfs) und die Magdeburger Seidenkrämer. Der Mittelbau wurde von Berliner Tuch- und Seidenhändlern sowie Magdeburger Großkaufleuten gebildet, während sich wenige Dutzend Berliner Großkaufleute und Unternehmer an der Spitze befanden. Dabei wurden die christlichen Waren- und Geldhändler im letzten Drittel des 18. Jahrhunderts allmählich von jüdischen Bankiers aus ihrer Spitzenposition verdrängt.

D. Geld und Banken

1. Edelmetall und Münzprägung

Die Geldgeschichte der Frühen Neuzeit war durch die Wiederbelebung des mitteleuropäischen Silberbergbaus und vor allem durch die Entdeckung der überseeischen Silbervorkommen in Spanisch-Amerika geprägt. In der zweiten Hälfte des 15. Jahrhunderts hatte man nicht nur überflutete Bergwerke durch Entwässerung wieder in Betrieb genommen, sondern auch in rascher Folge neue Silberadern entdeckt. Zu nennen sind hier die Lagerstätten von Schwaz in Tirol, die Silberreviere von Schneeberg, Annaberg und Buchholz auf der sächsischen Seite des Erzgebirges sowie die an dessen Südhang entdeckte Silbermine von Joachimstal. Ebenfalls erwähnt werden müssen die silberhaltigen Kupferlager in Neusohl und der Grafschaft Mansfeld, aus denen man mit Hilfe des Saigerverfahrens sowohl Kupfer als auch Silber gewann, sowie die silberhaltigen Bleiglanzgänge im Oberharz. Aus den Bergbauregionen wurde das neue Silber auf die Edelmetallmärkte gebracht, und die durch die Edelmetallknappheit ausgetrockneten Münzstätten sogen das Silber auf. Die wachsende Silberförderung war den Münzen selbst anzusehen, denn nun wurden erstmals Großsilbermünzen geprägt, die auch geldgeschichtlich die Neuzeit einleiteten. Den Anfang machte Venedig, das 1472 eine 6 g schwere Silbermünze schlagen ließ. Es folgten Mailand und die Schweizer Kantone. Die eigentliche Großsilber- oder Talerprägung ging aber von den Bergbauterritorien selbst aus. Erzherzog Sigismund, der „Münzreiche", von Tirol nutzte die Schwazer Silbervorkommen zu einer grundlegenden Münzreform. Nach dem Pfunder und dem Halbgulden schuf Sigismund 1486 mit dem Guldiner die erste Talermünze, die genauso viel wert war wie ein Goldgulden. Jedoch erlangte dieser Prototyp noch keine Bedeutung im Geldumlauf. Erst die Produktion der Münzstätten Schneeberg, Annaberg, Buchholz und vor allem Joachimstal machten den Taler zum allgemein anerkannten Zahlungsmittel. Dabei hießen die Taler in dieser Anfangsphase noch Guldengroschen („ein [Silber-]Groschen für einen [Gold-]Gul-

Wiederbelebung des Silberbergbaus

den"), bis die umfangreichen Prägungen der Münzstätte Joachimstal dem Taler seinen Namen gaben.

Silber aus der
Neuen Welt
Bedeutender als die mitteleuropäischen Silbervorräte waren die der Neuen Welt. Seit Beginn der europäischen Expansion war die Suche nach Edelmetall ein zentrales Motiv für die Eroberung der Welt gewesen. Sowohl der spanischen Krone als auch den Investoren aus dem Handelskapital erschienen die Expeditionen vor allem aus diesem Grund als lohnende Unternehmen. Jedoch entsprachen die vor Ort vorgefundenen Reichtümer in den wenigsten Fällen den hochgesteckten Erwartungen der Entdecker. Dies änderte sich mit der Entdeckung von Silbervorkommen in Mexiko und in Peru (1545, 1548). Insbesondere die reichen Vorkommen von Potosí revolutionierten die internationale Edelmetallförderung. Insgesamt erhöhte sich die amerikanische Silbererzeugung von jährlich ungefähr 23 Tonnen (1541–1545) auf 115 Tonnen (1546–1550) und erreichte 1610–1630 ca. 280 Tonnen jährlich. Im Verlaufe des 17. Jahrhunderts ging die Produktion in Potosí um die Hälfte zurück. Erst im 18. Jahrhundert nahm die amerikanische Silbererzeugung einen erneuten Aufschwung.

Ungefähr drei Viertel des in Amerika geförderten Silbers erreichten per Schiff Europa, insbesondere Spanien, und verbreiteten sich auf dem Wege des Handels in Europa, flossen aber auch nach Asien, in die Levante und in den Ostseeraum ab. Der massive Import amerikanischen Silbers nach Europa veränderte den Wert des Metalls. Ein Beleg hierfür ist die Gold-Silber-Relation, die in der ersten Hälfte des 16. Jahrhunderts 1:11 betrug, in der zweiten Jahrhunderthälfte auf 1:12 stieg und im 17. Jahrhundert mit 1:14 einen vorläufigen Höhepunkt erreichte. In welchem Maße die einzelnen europäischen Länder von dem spanischen Silber profitierten, ist nicht mit Sicherheit zu sagen. Hauptempfänger waren Spanien, die Niederlande sowie Italien. Aber auch England und das Heilige Römische Reich erfuhren einen Zustrom amerikanischen Silbers. Für letzteres sind das Ausmaß des amerikanischen Silbereinstroms und das Wachstum der Geldmenge unter den Wirtschaftshistorikern umstritten. Während einige einen massiven Import spanischen Silbers und eine gewaltige Steigerung der Geldmenge um das Vier- und Achtfache behaupten, ohne diese Vermutung aber belegen zu können, nehmen andere eher eine Verminderung des Edelmetallbestandes in den deutschen Territorien an. Immerhin sprechen verschiedene Indizien für den großen Einfluß amerikanischen Silbers. So wissen wir von den Geldtransfers der Fugger auf die deutschen Geldmärkte, aber ebenso von deren Silberexporten aus Deutschland. In der Tiroler Münzstätte Hall wurde amerikanisches Silber in kleinen Mengen verprägt, das vermutlich auch den Aufschwung der Oberdeutschen, vor allem der Augsburger Silberschmiedekunst, in der zweiten Hälfte des 16. Jahrhunderts begünstigte. Am deutlichsten ist der Zustrom amerikanischen Silbers noch im Geldumlauf festzustellen. Besonders die spanischen Philippstaler aus den südlichen Niederlanden waren seit den 1560er Jahren auf dem Vormarsch und verdrängten zunehmend sowohl die älteren Guldengroschen als auch die neuen Reichstaler aus dem Umlauf. Das belegen der Kassenbestand des Frankfurter Bauamtes 1591/92 ebenso wie die süddeutschen Münzfunde, in denen fast jeder zweite Taler aus den Niederlanden kam. Jedoch werden gleichzeitig immer wieder ein Mangel an grober Münze und der Talerexport im Zuge des deutschen Handelsdefizits mit dem Osten sowie eine Überschwemmung mit schlechtem Kleingeld beklagt, was die Auswirkungen des Silbereinflusses relativiert.

2. Geldkrisen

Das 17. und das 18. Jahrhundert waren durch zahlreiche Geldkrisen und die Versuche zu deren dauerhafter Überwindung geprägt. Die meisten Geldkrisen, die zunächst das Münzgeld, später auch die entstehenden Banknoten betrafen, wurden durch den akuten Finanzbedarf der frühmodernen Staaten ausgelöst. Bedingt durch die permanenten Kriege des 17. und des 18. Jahrhunderts wuchs der Finanzbedarf des Staates in solch einem Maße, daß ein Großteil der Staaten vor der Versuchung nicht zurückschreckte, die finanziellen Mittel für den Krieg durch Münzverschlechterung aufzubringen. Dabei setzte man bereits im 16. Jahrhundert dem kleinen Silbergeld immer mehr Kupfer zu, so daß z.B. in Spanien von 1599 an nur noch Kupfer zu Kleingeld verprägt wurde. Die Ursachen für die deutsche Münzverschlechterung in der sogenannten Kipper- und Wipperzeit reichten ebenfalls bis ins 16. Jahrhundert zurück. Aufgrund der Reichsmünzordnungen, die nur die Grobgeldprägung (Taler) geregelt und die Scheidemünzpolitik den Territorien überlassen hatten, standen diese vor dem Problem, wie sie mit dem knapper werdenden Prägemetall einen stetig zunehmenden Bedarf an Kleinmünzen befriedigen sollten. Nur eine unterwertige Ausprägung der Kleinmünzen brachte Gewinn und deckte zumindest die Prägekosten. Nachdem einmal ein Anfang mit der unterwertigen Prägung gemacht war, setzte die Aussicht auf rasche Gewinne die Schraube der Kleingeldverschlechterung in Gang. Mit der Zeit gingen fast alle Münzstände dazu über, stark kupferhaltige Münzen in Umlauf

Münzverschlechterung

zu bringen. Falls die Prägung nicht offiziell in den zugelassenen Kreis-
münzstätten geschah, reaktivierte man stillgelegte Münzbetriebe oder
richtete neue Stätten zur Münzprägung ein. Diese sogenannten Hek-
kenmünzen wurden meist an Münzmeister verpachtet, die im Auftrag
der Münzherren immer schlechteres Kleingeld produzierten und in
Verkehr brachten. Bedingt durch den Aufschwung der Heckenmünze-
rei konkurrierte eine Vielzahl von Münzstätten um das rarer werdende
Prägemetall. Das verteuerte die Prägung und trug – da der Münzge-
winn vorrangig war – zur weiteren Verschlechterung des Kleingeldes
bei. Die Chronologie der Münzentwertung veranschaulicht das Beispiel der Reichsstadt Frankfurt. Hier stieg der Kurs eines Reichstalers
von 74 Kreuzer (1585) auf 80 Kreuzer (1599), 84 Kreuzer (1609) und
auf 92 Kreuzer (1618).

Die wirtschaftliche Entwicklung litt zunächst nicht unter der fort-
schreitenden Kleingeldverschlechterung. Zum einen blieb die Kaufkraft der groben Münzen erhalten, zum anderen vergrößerte die Verschlechterung und Vermehrung der Scheidemünzen die Geldmenge
und verbesserte so die Bargeldversorgung. Eine regelrechte Blüte erlebte die Silberspekulation, insbesondere das „Aufwechseln" grober
Sorten gegen Kippergeld. Da der Geldhändler das Wechseln von Talern
durch ein Aufgeld attraktiv machte, erhielt sein Kunde für einen
Reichstaler scheinbar mehr Geld als dieser wert war. Denn er konnte
nicht sehen, daß das neue Geld, das er für den Reichstaler erhalten
hatte, nur nominell mehr wert war und schnell seinen Wert verlor. Gewinne machten deshalb allein die Geldhändler oder die Münzherren
selbst. Dramatische Ausmaße nahm die Kleingeldverschlechterung jedoch erst zu Beginn des Dreißigjährigen Krieges an, als selbst silber-
fördernde Territorien wie Braunschweig-Wolfenbüttel, Sachsen und die
Habsburger Lande zur Finanzierung von Krieg und Aufrüstung in großen Mengen geringwertige Kippermünzen in Umlauf brachten. In
Frankfurt stieg der Reichstaler weiter auf 108 Kreuzer (1619), 124
Kreuzer (1620), 140 Kreuzer (Dez. 1620), 195 Kreuzer (Mai 1621),
440 Kreuzer (Jan. 1622) und auf 600 Kreuzer (März 1622).

Jedoch dauerte die Münzverschlechterung, die kurzfristig große
Gewinne abwarf, nur solange, bis das schlechte Geld über die Steuern
zurück in die staatlichen Kassen floß. Als dies im Jahre 1623 zunehmend der Fall war, werteten die meisten Staaten das Kippergeld
drastisch ab und kehrten zu stabilen Währungsverhältnissen (Frankfurt:
1 Reichstaler = 90 Kreuzer) zurück. Ermöglicht wurde dies durch neue
Formen der Kriegsfinanzierung wie die Ausweitung des internationalen
Subsidiensystems und die Finanzierung der Kriegshandlungen aus den

besetzten Gebieten durch Steuern und Kontributionen nach der Devise „Der Krieg ernährt den Krieg" (Wallenstein). Der Lerneffekt der Kipperzeit war gering. Eine neue Krise brachten die Kriege gegen Ludwig XIV., die große Mengen Geldes verschlangen. Dennoch kam auf Initiative Kurbandenburgs, Kursachsens und Braunschweig-Lüneburgs in den Verträgen von Zinna (1667) und Leipzig (1690) eine tragfähige Münzgesetzgebung für Mittel- und Norddeutschland zustande. Dies hinderte aber Friedrich den Großen im Österreichischen Erbfolgekrieg und im Siebenjährigen Krieg nicht daran, die Münzprägung zur Aufbesserung der Staatsfinanzen insbesondere zur Kriegsfinanzierung zu benutzen. Dazu verpachtete er die Münzstätten im eroberten Sachsen an den Großunternehmer Veitel Ephraim, der dort unterwertige sächsische und polnische Münzen prägte. Die hieraus fließenden Gewinne reichten aber zur Kriegsfinanzierung allein nicht aus, so daß 1758 alle sächsischen und preußischen Münzstätten an das Münzkonsortium Veitel Ephraim, Moses Isaak und Daniel Itzig verpachtet wurden. Die Pächter machten dann auch vor der Verschlechterung der preußischen Münzen nicht halt. Am Ende des Krieges war ein Währungsschnitt notwendig. Die Besitzer der Münzen verloren oftmals über 50% ihres Geldvermögens.

Dagegen hatte Österreich darauf verzichtet, die Kriegskosten mit der Münzprägung zu bestreiten, und brachte die Kosten sowohl durch Anleihen als auch durch die Emission von Banknoten, den sogenannten Bancozetteln, auf. 1762 emittierte die Wiener Stadtbank für 12 Mill. fl. Zettel in Stückelungen zwischen 5 fl. und 100 fl. Alle öffentlichen Kassen mußten die Bancozettel bis zur Hälfte der Zahlung an Stelle barer Münzen annehmen, Privatleute waren davon befreit. Der Erfolg der Bancozettel hielt sich in Grenzen. Erst 1771 kam es zu einer zweiten Notenemission für nochmals 12 Mill. fl., bei der die Zettel nur bar bezahlt und nicht mehr, wie bei der ersten Emission, auch gegen Staatsobligationen eingetauscht werden konnten. Sie besaßen aber auch weiterhin keinen Zwangskurs oder Annahmezwang im privaten Geldverkehr und wurden von den Staatskassen problemlos in Münzgeld eingetauscht. Erst mit dem unbegrenzten Wachstum der Papiergeldmenge nach 1796 (von 46 Mill. fl. 1796 auf 450 Mill. fl. 1806) wuchsen die Schwierigkeiten der Einlösung; ein kontinuierlicher Wertverlust des Papiergeldes war die Folge, der letztlich im Staatsbankrott von 1811 gipfelte.

Im Vergleich zu Österreich blieb die Notenemission in Preußen bescheiden. Hier wurde 1765 der Königliche Giro- und Lehnbanco gegründet, der die Funktion einer Wechsel- und Zettelbank erfüllen, d. h.

Österreichische Bancozettel

Notenemission in Preußen

auch Noten ausgeben sollte. Zwischen 1766 und 1771 emittierte die Bank Noten im Wert von 800 000 Rtl.; danach ruhte die Notenausgabe über 20 Jahre bis 1793, als man nochmals Noten für 525 000 Rtl. in Verkehr brachte. Da ausreichend Münzgeld vorhanden war, blieben die Nachfrage nach Banknoten und deren Akzeptanz in Preußen ebenso gering wie in den meisten anderen deutschen Staaten. Daher wandelte sich der Banco von einer Giro- und Zettelbank in eine Depositenbank, deren wichtigstes Aktivgeschäft die Vergabe von Hypothekenkrediten zum Grunderwerb war.

3. Grundlagen des europäischen Kreditwesens

Auch die deutsche Bankengeschichte ist nur vor dem Hintergrund der europäischen Entwicklung des Kreditwesens zu verstehen. In der spätmittelalterlichen und frühneuzeitlichen Kreditwelt unterscheidet man gemeinhin zwei Wirtschaftsräume: den nordwesteuropäischen, weitgehend hansisch geprägten Raum, der von England bis zur Ostsee den Austausch von Gütern des alltäglichen Bedarfs mit Hilfe des Inhaber-Schuldscheins organisierte, und den romanischen Raum, der von Oberitalien bis Flandern den Luxusgüterhandel durch die Ausbildung des Wechsels stimulierte.

Wechsel   Der Wechsel war eine italienische Erfindung, die sich aus den Finanzierungsinstrumenten des Messehandels im 12. und 13. Jahrhundert entwickelt hatte. Er diente dazu, Geld in einer Stadt oder einem Land aufzunehmen und in einer anderen Stadt oder einem anderen Land zurückzuzahlen, bzw. von einem Land in ein anderes Land zu überweisen. Damit war ein Geldumtausch verbunden, für den ein bestimmter Wechselkurs festgelegt wurde. Der Wechsel setzte sich im folgenden Jahrhundert im Handel der Italiener mit dem westlichen Mittelmeer und Westeuropa durch und spielte auch bei der Entstehung der Wechselmessen im Genf des 15. Jahrhunderts eine entscheidende Rolle.

Die Kaufleute bezahlten ihre Käufe auf den Warenmessen mit Wechseln und legten deren Fälligkeit auf den nächsten Messetermin. Sie erhielten so Kredit, den sie mit dem Erlös aus dem Verkauf der Ware begleichen konnten. Die Käufer dieser Waren bezahlten ebenfalls mit einem Wechsel; und so lag es nahe, die fällig gewordenen Wechsel auf den Messen gegeneinander zu verrechnen, zu scontrieren. So entstand im Anschluß an die Warenmesse eine eigenständige Wechselmesse. In Lyon, das im ausgehenden 15. Jahrhundert dank der großzügigen Privilegierung durch den französischen König Genf als führendem Messeplatz abgelöst hatte, entwickelten sich die *foires de change* zu einer eigenständigen Institution. Die Bedeutung der Lyoner Wechselmessen beruhte auf dem großen Umfang der hier scontrierten Wechsel und auf der europäischen Reichweite dieses Clearingzentrums, dem die Kastilischen Messen (Villalon, Rioseco, Medina del Campo) ebenso wie die Brabanter Messen (Bergen op Zoom, Antwerpen) oder die Frankfurter Messe untergeordnet waren. Als die Lyoner Messen um die Mitte des 16. Jahrhunderts unter den fiskalischem Druck der französischen Krone gerieten, verlagerte sich der internationale Zahlungsverkehr unter der Führung der Genuesen nach Besançon und 1575 nach Piacenza, wo nur noch scontriert und kein Warenhandel mehr betrieben wurde. Dabei nahmen dann die Staatsfinanz, insbesondere Kredite an die spanische Krone, eine immer größere Bedeutung an.

Die finanzielle Zukunft sollte allerdings dem Nordwesten Europas gehören, der mit dem Inhaber-Schuldschein über ein altes Kreditinstrument verfügte. Man bezahlte nicht nur mit Schuldscheinen, sondern gab diese auch zum Begleichen von anderen Verpflichtungen weiter, ohne auf die Fälligkeit der Schuld zu warten (bzw. sich multilateral per Scontration zu vergleichen). Nachdem im beginnenden 16. Jahrhundert die Rechtssicherheit für die Übertragung von Kreditinstrumenten hergestellt worden war, war der Weg frei zum Handel mit Kreditinstrumenten, z. B. an der Antwerpener Börse. Hier kamen zwei weitere Innovationen, Indossament und Diskont, hinzu. Das Indossament war ein auf der Rückseite eines Wechsel oder Schuldscheins angebrachter handschriftlicher Vermerk, mit dem der Gläubiger namentlich eine andere Person zur Präsentation des Kreditpapiers bevollmächtigte. Es gab dem Schuldner in einer Zeit zirkulierender Kreditpapiere am Ausgang des 16. Jahrhunderts eine gewisse Sicherheit, daß er an den Richtigen zahlte.

Inhaber-Schuldscheine

Diskont und Indossament

In der zweiten Hälfte des 16. Jahrhunderts wurde dann auch von dem bereits länger bekannten Diskont stärker Gebrauch gemacht. Hierbei löste ein Kaufmann ein Kreditpapier vor seiner Fälligkeit ein oder verkaufte die Forderung und gewährte dem Schuldner, dessen Geld er früher als vereinbart benötigte, einen Rabatt, indem er einen Teil der Zinsen, den Diskontsatz, abzog. Mit dem Indossament und dem Diskont wurden der Inhaber-Schuldschein und der im Laufe des 16. Jahrhunderts in Antwerpen immer mehr verbreitete Wechsel zu veräußerbaren Kreditinstrumenten, d. h. zum „Papiergeld" der Kaufleute. Während die mittelalterlichen Kreditpapiere als Surrogatgeld den rationelleren Umgang mit dem vorhandenen Edelmetall und damit eine Steigerung der Umlaufgeschwindigkeit des Geldes ermöglicht hatten, bewirkten die veräußerbaren Wechsel und Schuldscheine die Vergrößerung der Geldmenge.

Außerhalb der südlichen Niederlande fielen die Antwerpener Innovationen zunächst in Holland und dann vor allem in England auf fruchtbaren Boden. In Italien dagegen lehnte die Mehrheit der Bankiers das – bereits im 15. Jahrhundert einzeln belegte – Wechselindossament ab, da es die Kaufleute von den Diensten der Bankiers unabhängig gemacht hätte. Während das Indossament bis ins 17. Jahrhundert verboten blieb, vollzogen sich dennoch auch hier im Laufe des 16. Jahrhunderts Neuerungen auf institutionellem Gebiet. Vor allem durch die Gründung städtischer Giro- und Wechselbanken, wie der Tavole in Palermo (1553), Messina (1587), des Banco della Piazza di Rialto in Venedig (1587), des Banco Sant' Ambrogio in Mailand (1593), wurde das in den Krisen des 15. Jahrhunderts erschütterte Vertrauen in die Bank wiederhergestellt. Die Girobanken standen unter städtischer Aufsicht, und die Kunden mußten nicht befürchten, daß ein plötzlicher Run auf die Bank diese illiquide gemacht hätte. Der Zahlungsverkehr wurde an der städtischen Girobank zentralisiert. Kaufleute unterhielten Konten bei dieser Bank, zogen darauf Wechsel, und die Bank überwies die Beträge von einem zum anderen Konto; Zahlungen *in banco* verdrängten zumindest im Handel das Bargeld.

Amsterdamer Wisselbank   Den Höhepunkt erreichte diese Entwicklung mit der Gründung der Amsterdamer Wisselbank 1609. Die Wisselbank erfüllte hier für die niederländische Wirtschaft des 17. Jahrhunderts essentielle Funktionen. Sie schuf in der monetär angespannten Situation des frühen 17. Jahrhunderts stabile Handelsmünzen, die der niederländische Handel im Ostseeraum, in der Levante und in Ostindien benötigte. Die Bank etablierte außerdem ein internationales Clearing-System zur Verrechnung von Forderungen und Schulden: Kaufleute unterhielten Konten bei der Bank, auf die sie Wechsel zogen, und die Bank überwies die entsprechenden Beträge in stabilen Bankgulden von dem Konto eines Kunden auf das eines anderen. Dies stimulierte den bargeldlosen Zahlungsverkehr, da laut Anordnung der Stadt alle Wechsel über 600 fl. durch die Wisselbank „geklärt", d.h. verrechnet, werden mußten und folglich alle großen Handelsfirmen Konten eröffneten. Weniger bedeutend war die Kreditvergabe, da die Satzung der Bank diese verbot. Immerhin konnte die öffentliche Hand, z.B. die Stadt Amsterdam oder die Handelskompanien, Kredite erhalten.

Finanzplatz Amsterdam   Neben der Wisselbank wurde der Finanzplatz Amsterdam im 17. Jahrhundert durch die private Banktätigkeit, die jedoch noch nicht vom Kaufmannsberuf getrennt war, geprägt. *Merchant-bankers* gaben sogenannte Akzeptkredite, indem sie ihre Kunden bevollmächtigten, Wechsel auf sie zu ziehen; nur mußte der Kunde dafür sorgen, daß beim

Fälligkeitstermin genügend Geld auf seinem Konto war. Damit finanzierten die Bankiers nicht nur den Amsterdamer Handel, sondern auch große Teile des internationalen Handels Londons und Hamburgs im 18. Jahrhundert. Weiter vertrieben die Bankiers Staatsanleihen, die wie die Aktien der Handelskompanien aufgrund der hohen Sparquote der Bevölkerung auf großes Interesse stießen. Von der privaten Banktätigkeit abgesehen, blieben die Innovationen im Amsterdamer Kreditwesen gering. Man perfektionierte die alte italienische Clearingtechnik mit Hilfe einer stabilen Rechenwährung, wie es auf den Wechselmessen praktiziert worden war, indem man den Zahlungsausgleich über Kundenkonten an einer einzigen Bank zentralisierte.

Wie ging es mit der Entwicklung des Kreditwesens im Nordwesten Europas weiter? Während sich die Antwerpener Innovationen in Amsterdam, bedingt durch die Installation der Wisselbank, nicht in größerem Maße ausbreiteten, fielen sie in England, wohin sie ebenfalls durch Antwerpener Emigranten gebracht worden waren, auf fruchtbaren Boden. Eine entscheidende Rolle spielten dabei die Londoner Goldschmiede, die ein funktionierendes Depositen- und Clearingbankwesen begründeten. Man konnte bei den Goldschmieden ein Konto eröffnen, und die Goldschmiede überwiesen die fälligen Beträge von einem Konto auf ein anderes. Für das eingezahlte Bargeld stellten sie verzinsliche Quittungen aus und emittierten später offizielle Schuldverschreibungen, die sogenannten *promissory notes* oder *goldsmith notes*. Sowohl die Quittungen als auch die daraus hervorgegangenen *promissory notes* dienten – mit Indossament versehen – als Papiergeld der Kaufleute. Im 18. Jahrhundert wurde jedoch die Emissionstätigkeit der *goldsmith bankers* durch die Notenausgabe der 1694 gegründeten Bank of England in den Schatten gestellt. Diese Notenemission, die den Geldumlauf allmählich von der Hartgeldmenge unabhängig machte, markierte den Beginn einer neuen Epoche der Finanzgeschichte, der sogenannten *financial revolution,* an deren Ende London die Vormachtstellung des Finanzplatzes Amsterdam gebrochen hatte.

Der englische Geldmarkt

4. Kredittechniken und -innovationen in Deutschland

Die deutschen Territorien waren in unterschiedlichem Maße in den internationalen Zahlungsverkehr integriert und machten dementsprechend nur bedingt von den in Süd- und Westeuropa verbreiteten Kreditinstrumenten Gebrauch. Falls deutsche Kaufleute oder Städte am bargeldlosen Zahlungsverkehr partizipieren wollten, mußten sie sich mit Hilfe eines italienischen Faktors oder Korrespondenten via Brügge,

Integration der deutschen Territorien in den internationalen Zahlungsverkehr

Genf oder Venedig in das von den Italienern aufgebaute Clearing-system einklinken, was kostenintensiv war. Dennoch benutzten ober-deutsche und auch Kölner Kaufleute bereits im 15. Jahrhundert den Wechsel zur Geldüberweisung (die charakteristische Wechseloperation unterblieb indes), während er im norddeutschen Hanseraum allenfalls von den Medici-Agenten in Lübeck benutzt worden zu sein scheint. Das Kreditinstrument des Nordens war der auch in Köln vorwiegend bis zur Mitte des 16. Jahrhunderts gebrauchte Inhaber-Schuldschein, mit dem sich ein Kaufmann den für den Wareneinkauf notwendigen Kredit verschaffen konnte. Entsprechend waren auch Hamburgs Wech-selbeziehungen bis in die 1560er unregelmäßig, und nur westeuro-päische Kaufleute benutzten auch zu Einkäufen im Ostseeraum den Wechsel.

Innovationen und Kapital aus den Niederlanden und aus Italien

Strukturelle Veränderungen und Innovationen auf dem Gebiet von Kreditinstrumenten und -institutionen brachte daher erst die Immigra-tion – größtenteils aus Antwerpen – im ausgehenden 16. und beginnen-den 17. Jahrhundert. Niederländische, portugiesische, aber auch italie-nische Kaufleute erreichten verhältnismäßig schnell führende Positio-nen im Handel und Bankwesen und machten nach und nach auch die einheimische Kaufmannschaft mit den süd- und westeuropäischen Kre-diterrungenschaften vertraut.

Wie bedeutend die Einwanderer hinsichtlich ihrer wirtschaft-lichen Potenz waren, zeigen die Transaktionen des Nürnberger *Banco Publico* 1621–24. So befanden sich unter den 20 umsatzstärksten Häu-sern fünf italienische, vier niederländische und nur zwei alte Nürnber-ger Patrizierfamilien, wie die Imhof und die Tucher. In Hamburg war die Situation noch auffälliger. Unter den 20 Häusern mit den höchsten Transaktionskonten waren 1619 sechzehn niederländische Unterneh-men, eine süddeutsche Firma und nur drei Hamburger Kaufmannshäu-ser. Andere Plätze, die durch die niederländische und italienische Ein-wanderung zu Bankplätzen avancierten, waren Köln und Frankfurt. Köln erbte für einige Jahre einen Großteil des Antwerpner Handels-und Wechselverkehrs, aber als ein Teil der Antwerpener zurückkehrte und andere nach Frankfurt zogen, avancierte Frankfurt für ungefähr ein Jahrhundert zum führenden Bankplatz in Mitteleuropa. Wesentlich hierfür war die Integration der Frankfurter Messen in das internationale *clearing-system* der Messen zu Lyon und der Genueser-Messen in Be-sançon und Piacenza.

Banken- und Währungswesen in den deutschen Wirtschaftszentren

1585 führte man auch in Frankfurt eine stabile Meßwährung *(conto)* ein, und fällige Zahlungen zwischen der Frankfurter Fasten-messe und der Herbstmesse wurden im beginnenden 17. Jahrhundert an bestimmten Zahltagen an der Frankfurter Börse abgewickelt. Da die Wechselordnungen nach italienischem Vorbild bis 1666 das Indossament verboten, blieb es beim umständlichen Scontrationsverfahren. Von Bedeutung waren in Frankfurt außerdem die Darlehen auf *deposito* von Messe zu Messe. Informiert sind wir darüber durch die Geschäftsbücher des Johann von Bodeck, der im 17. Jahrhundert durchschnittlich fast 20 000 fl. auf der Fasten- und der Herbstmesse verlieh, die zu einem erheblichen Teil von Fürsten und Städten aufgenommen wurden. Innovativer als der Zahlungsausgleich auf der Messe bzw. an der Börse war die Gründung von Wechselbanken in Hamburg (1619) und Nürnberg (1621) nach dem Vorbild der 1609 gegründeten Amsterdamer Wisselbank. In Hamburg, wo niederländische und portugiesische (sephardische) Einwanderer zur Verbreitung des Wechsels (Wechselordnungen von 1601/1603) beigetragen hatten, wurde auf ihre Initiative hin die Hamburger Bank gegründet. Die Bank schuf zwei Währungen: eine stabile Bankwährung (Mark Banco) und eine Umlaufswährung (Mark Courant). Kaufleute unterhielten Konten an der Hamburger Bank und tätigten dort ihre Zahlungen per Überweisung (in Mark Banco) auf das Konto des jeweiligen Geschäftspartners. Die Kaufleute hatten so den Nutzen einer dauerhaft stabilen Währung für ihren Geschäftsverkehr und litten nicht länger unter der alltäglichen Verschlechterung des Umlaufgeldes. Der bargeldlose Zahlungsverkehr wurde so angeregt, daß er im 18. Jahrhundert ein Vielfaches des Hamburger Münzumlaufes ausmachte. Langfristig weniger erfolgreich war der Nürnberger Banco Publico. Die großen finanziellen Anforderungen (Kontributionen an die Stadt Nürnberg) während des Dreißigjährigen Krieges machten auch vor dem Tresor des Banco Publico nicht halt, der quasi durch die Stadt ausgeplündert wurde. Selbst als der Rat die ausgeliehenen Summen der Bank zurückerstattete, blieb die finanzielle Basis der Einlagen zu gering, um eine auf groben Sorten basierende Bankwährung dauerhaft zu etablieren.

Ohnehin verlagerten sich Handel und Zahlungsverkehr auf die West-Ost-Achse Amsterdam-Hamburg-Leipzig. Dabei spielten neben den Wechselbanken vor allem die Akzeptkredite (Bankakzepte), mit denen Londoner, Amsterdamer und Hamburger Privatbankiers den internationalen Handel kreditierten, eine wesentliche Rolle. Entsprechend gaben diese Kredite auch der deutschen Finanzwelt im 18. Jahrhundert eine nordwesteuropäisch geprägte Struktur.

Die große Masse der Bevölkerung war natürlich von dieser auf die Handelszentren begrenzte Ausweitung des kommerziellen Kredits ausgeschlossen, aber auch für sie scheint sich das Kreditangebot in der

Neuzeit, insbesondere im 16. Jahrhundert, vergrößert zu haben. Damit
entstanden aber gleichzeitig auch neue Abhängigkeiten zwischen Gläubigern und Schuldnern, die z. B. im Umkreis von Bauernkrieg und
Reformation auf starke Kritik stießen.

Renten- oder   Objekt der Kritik, aber gleichzeitig auch allgemein verbreitetes
Gültkauf   Kreditmittel, war der Renten- oder Gültkauf. Hierbei handelte es sich
meist um mittelfristige Darlehen, die von Bauern, Handwerkern und
auch Kaufleuten aufgenommen wurden. So erhielt ein Bauer für den
Verkauf einer auf einem Stück Land liegenden Rente oder eines Zinses
(Gült, census consignativus) eine bestimmte Summe Geldes als Darlehen, für das er einen jährlichen Zins von seinem Ernteertrag zahlte.
Blieb der Bauer mit dem Zins im Rückstand, fiel das Land an den
Gläubiger. In den Städten war das Muster ähnlich. Zahlreiche Verord-
nungen weltlicher Herrschaften und natürlich der Kirche zum Renten-
kauf zeugen von der großen Bedeutung des Rentenkredits. Überall in
Europa nutzten Grundherren und Bauern das sich vergrößernde Kapi-
talangebot, um durch den Rentenkauf mittel- bis langfristig Kredit aufzunehmen. Von dem Kreditbedarf profitierten die Kapitalbesitzer in
Stadt und Land, die so zur Zielscheibe der Kritik wurden. In welchem
Umfang einzelne Bauern das in der Agrarkonjunktur des 16. Jahrhunderts verdiente Geld anlegten, zeigt das Beispiel des Kornwestheimer
Großbauern Jerg Minner, der bei seinem Tode 1599 ein Vermögen von
69 182 fl. hinterließ. Davon war gut die Hälfte (38 388 fl.) in 183 Ren-
tenbriefen zu 5% angelegt, die ihm Bauern und Handwerker der Um-
gebung verkauft hatten, um Kredite von dem wohlhabenden Mann zu
erhalten.

Kleinkredite   Außer diesen weitgehend der mittleren Kreditebene zuzuordnen-
den Kreditformen gab es aber noch eine untere Kreditstufe, die nur wenige Dokumente hinterlassen hat. Dazu gehörten die Hilfeleistungen,
die Grundherren, Nachbarn oder Gemeinden, aber auch die Kirche den
Bauern in Geld und Naturalien boten. Ebenfalls sind die Kredite auf
Kerbholz zu erwähnen, die im Dorf wie im städtischen Kleinhandel
gang und gäbe waren. Dabei wurden die beiden Hälften eines längs ge-
spaltenen Holzstabs aufeinander gelegt und die Schulden durch Ker-
ben quer eingeschnitten, so daß Gläubiger und Schuldner je ein Doku-
ment über die Kredite hatten. Von Zeit zu Zeit rechnete man die in den
Hölzern eingekerbten Verpflichtungen („was einer auf dem Kerbholz
hatte") ab. Den gleichen Zweck erfüllten offene Rechnungen, die beispielsweise Krämer, Handwerker und Gastwirte miteinander hatten,
und deren Transaktion bargeldlos gestaltet wurde.

5. Träger des Kredit- und Bankwesens

Die Entwicklung des Kredits und des Bankwesens war unmittelbar mit dem Handel verbunden. Kaufleutebankiers kombinierten Fernhandel mit dem internationalen Wechselgeschäft und gaben vielfältige Kredite. Am Ende der spätmittelalterlichen und am Beginn der frühneuzeitlichen Entwicklung standen die oberdeutschen (Familien-)Handelsgesellschaften.

Kaufleute – Bankiers

Grundlagen der Unternehmen waren der internationale Fernhandel, Investitionen in den Bergbau, internationaler Wechselverkehr und Kredite an Kaiser und Könige. Die oberdeutschen Unternehmen profitierten von der europäischen Expansion nach Übersee, vom Aufschwung des europäischen Silber- und Kupferbergbaus sowie vom riesigen Finanzbedarf der frühneuzeitlichen Staaten. Bekannte Familien waren die Fugger, die Welser, die Höchstetter oder die Imhof. Die Fugger lassen sich in das Augsburg des 14. Jahrhunderts zurückverfolgen, in dem sie im Barchentgewerbe arbeiteten. Im darauffolgenden Jahrhundert gründeten sie ihre sogenannte Handlung und begannen mit Investitionen in den Silber- und Kupferbergbau. Berühmt wurden sie 1488, als sie die Nutzung der Silbermine in Schwaz (Tirol) für ein Darlehen an den Erzherzog Sigismund den Münzreichen, den Erfinder des Talers, verpfändet bekamen. Da weder Sigismund noch sein Nachfolger Maximilian die Schulden je zurückgezahlt hatten und weitere Kredite von den Fuggern, insbesondere von Jakob Fugger, dem Reichen (1459–1525), an Habsburger Herrscher gegeben wurden, kontrollierten jene später auch noch andere Montanregionen wie die Kupferförderung in Oberungarn (Neusohl) sowie die Quecksilbergruben in Kastilien (Almadén). Im Jahre 1519 brachte Jakob Fugger mit 543 585 fl. den größten Anteil der Bestechungsgelder zur Wahl Karls (V.) zum deutschen König auf. Weitere 143 333 fl. schoß Bartholomäus Welser vor, während die italienischen Bankhäuser nach der heute noch überlieferten Rechnung zusammen nur 165 000 fl. bereitstellten. Als Gegenleistung bot der Habsburger Schutz gegen die im Reich um sich greifende Stimmung gegen Wucherer und Monopolisten sowie gegen die vom Reichstag erlassenen Antimonopolgesetze. Die Fugger gewährten Karl V. und anderen spanischen Habsburgern weitere Kredite für die militärischen Unternehmungen gegen Türken, Franzosen oder den Schmalkaldischen Bund im Reich. Da der Kaiser kein reguläres Einkommen im Reich hatte, mußte er seine Liquiditäts- und Kreditressourcen aus dem Süden über Antwerpen dorthin transferieren, wo er sie benötigte. Die Fugger liehen deshalb dem Kaiser Geld in Antwerpen oder überwiesen es per Wechsel dorthin, wo er es benötigte. Zurückgezahlt werden sollte das Geld auf den kastilischen Messen (Medina del Campo) oder in Sevilla entweder direkt aus den dortigen Kroneinkünften oder vom beschlagnahmten Silber der zurückkehrenden amerikanischen Flotten. Da das oftmals nicht funktionierte, erhielten die Fugger zur Sicherheit die Nutzung der *Maestrazgos,* der Ländereien der spanischen Ritterorden einschließlich der Silberminen von Almadén. Mit der Verschärfung der Konflikte um die Mitte des 16. Jahrhunderts wuchsen der Kreditbedarf des Kaisers und der spanischen Krone unaufhörlich an. Damit waren die Fugger auf Gedeih und Verderb mit den spanischen Kronfinanzen verbunden, was in den Staatsbankrotten (Umschuldungen) von 1557, 1575 und 1607 zu starken Verlusten des Bankhauses führte. Insgesamt brachten die Darlehen an die Habsburger den Fuggern einen Verlust von 8 Mill. fl. abzüglich Zinsen; das war ein erheblicher Teil dessen, was die Firma Fugger im Laufe ihrer Geschäftstätigkeit erwirtschaftet hatte. Dennoch ereilte sie nicht das Schicksal der Welser, die 1614 durch die spanischen und französischen Zahlungseinstellungen mit in den Bankrott gerissen wurden.

      Nachdem die Welser gescheitert waren und die Fugger sich auf ihre Landsitze zurückgezogen hatten, wurden sie durch andere Augsburger Kaufleute wie die Paler abgelöst, die den Fernhandel mit Kreditvergabe und gewerblichen Investitionen verbanden, ohne daß sie sich auf einen mächtigen Schuldner konzentrierten. Trotzdem waren Darlehen an die Fürsten nötig, wenn man im Montangewerbe erfolgreich sein wollte. Dies zeigt das Beispiel Nürnberger Kaufleute, die in die Thüringer Seigerhütten investierten und dazu die Lizenzen der Grafen von Mansfeld und der Herzöge von Sachsen benötigten. Ohne diese hätten sie ihre führende Stellung auf dem europäischen Kupfermarkt nicht ausbauen können.

Hoffaktoren   Die Zerstörungen des Dreißigjährigen Krieges und die damit einhergehenden finanziellen Engpässe der Nachkriegszeit ließen die deutschen Territorialstaaten nach neuen Möglichkeiten der Finanzierung suchen. Das eröffnete einem neuen Bankiertyp, dem jüdischen Hoffaktor, den Weg des Aufstiegs. Während die Mehrheit der Kaufleutebankiers in den Reichsstädten, z. B. Nürnberg oder Augsburg, während des Dreißigjährigen Krieges finanzielle Verluste erlitten hatte und weder bereit noch in der Lage war, Kredite an die Fürsten zu geben, hatten jüdische Geldverleiher, in einem eher feindlichen Umfeld, kaum eine andere Chance, als das Schicksal ihres Geld- und Handelsgeschäfts an den fürstlichen Finanzbedarf zu binden.

Köln war ein weiteres wichtiges Finanzzentrum, insbesondere Köln
1794–1815, als es zum revolutionären und später zum Napoleonischen
Frankreich gehörte, bevor es preußisch wurde. Da die französische Ge-
setzgebung die Geschäftsrestriktionen der alten katholischen Reichsstadt abgeschafft hatte, konnten sich nun auch Protestanten und Juden
im Speditionsgewerbe und im Handel betätigen. Das war dann die Basis für den Aufstieg der großen Privatbankhäuser I. D. Herstatt, Abraham Schaaffhausen, J. H. Stein und Salomon Oppenheim jun. & Cie.
Letztere stammten von Salomon Herz Oppenheim, dem Hoffaktor des
Kölner Kurfürsten ab. Das Handelshaus betätigte sich im Getreide- und
Weinhandel, gab vor allem auch Kredite an andere Kaufleute.

Seit den 1830er Jahren konzentrierte man sich dann auf Industrie-
finanzierung vor allem im Montanbereich. Das traf auch auf Abraham
Schaaffhausen, 1791 als vielfältiges Geschäftshaus gegründet, zu.
Seine Spezialitäten reichten vom Übersee- über den Kommissionshan-
del bis zum Speditions-, Immobilien- und Clearinggeschäft. Im beginn-
enden 19. Jahrhundert hatte man Kontokorrent-Beziehungen mit den
Textilunternehmern in Neuss, Rheydt, Viersen, Düren, Aachen, Mon-
schau und Elberfeld und weitete seine Aktivitäten 1820 auch auf die
Eisenindustrie, z.B. zu Stumm an der Saar, Hoesch in der Eifel oder zur
Gute Hoffnungshütte bei Sterkrade, aus.

Im Vergleich dazu nimmt sich Hamburgs Privatbankwesen durch- Hamburg
aus traditionell aus. Bis zum Ende des 19. Jahrhunderts wurde es durch
Kaufleutebankiers beherrscht, die verglichen mit früheren Jahrhunderten nur ganz allmählich ihr Geschäft auf das Bankwesen konzentrierten. Diese Häuser, die zum Teil noch der ersten oder der zweiten Generation Hamburger Einwanderer entstammten (wie die Berenberg und
die Jenisch), setzten ihren Handel fort, unterhielten Schiffe und gaben
für den Handel notwendigen Kredit. Indem sie sogenannte Akzeptkredite anboten, das heißt ihre Kunden bevollmächtigten, Wechsel auf sie
zu ziehen, avancierten die Hamburger Kaufleutebankiers zu Akzept-
und Diskonthäusern für die Kaufleute Nordwest- und Mitteleuropas, da
Importeure und Exporteure häufig von dieser Kreditform Gebrauch
machten.

Eines der prominentesten Häuser war das des Walisers John
Parish, der seine Aktivitäten auf Eigen- und Kommissionshandel und
auf das Wechsel- und Akzeptgeschäft konzentrierte. Parish expandierte
und stimulierte Hamburgs Geschäfte mit London und Amsterdam. Er
gab Akzepte für Wechsel, die auf Parish gezogen wurden und die er
später an der Hamburger Börse verkaufte. Darüber hinaus spekulierte
Parish zusammen mit Hope & Co. in französischen Assignaten und

verhandelte und transferierte englische Subsidien 1794 nach Preußen.
Sein Sohn betätigte sich ebenfalls in englischen Subsidien, die er nach
Österreich vermittelte, und er plazierte darüber hinaus die österreichische Anleihe des Jahres 1818, die wieder Vertrauen in die österreichische Staatsschuld herstellte. Geadelt für seine Verdienste wurde John
Parish jun. als Freiherr von Senftenberg in Böhmen, und das Hamburger Bankgeschäft starb aus. Langfristig erfolgreicher waren die Bankhäuser Conrad Heinrich Donner oder Johann Berenberg, Gossler &
Co., die bis heute existieren.

II. Grundprobleme und Tendenzen der Forschung

1. Kommunikation

Eines der in jüngster Zeit stärker beachteten Forschungsfelder der Geschichte wie auch der Wirtschafts- und Sozialgeschichte [224: H. POHL (Hrsg.), Bedeutung] bildet das Thema der Kommunikation. Während Teilbereiche wie z. B. die Verkehrsgeschichte, die Postgeschichte, die Mediengeschichte oder die Reisegeschichte unterschiedlich intensiv untersucht wurden, stehen die Kommunikationssysteme, stimuliert durch die Systemtheorie [160: N. LUHMANN, Soziale Systeme], noch nicht lange im Mittelpunkt des Interesses. Im wesentlichen können wir drei Definitionen und damit auch drei methodische Zugriffe auf das Thema Kommunikation unterscheiden: Eine erste Zugangsmöglichkeit zur Kommunikationsgeschichte bietet die Definition von der *Kommunikation als symbolisch vermittelter Interaktion.* Diese Definition legt den Schwerpunkt auf die Tatsache, daß ein Medium, gleich ob es sich um Sprache, Gestik oder Mimik handelt, eine Vielfalt von Ausdrucksmöglichkeiten bietet, d. h. eine Zahl von Zeichen und Symbolen enthält, wobei die Symbole Vertretungsfunktion erfüllen [34: R. BURKART, Kommunikationswissenschaft, 35–38]. Im Mittelpunkt einer solchen Kommunikationsforschung steht die Rekonstruktion von Konventionen oder zeremoniellen Handlungen. Besonderes Interesse gilt in jüngster Zeit dem politischen Zeremoniell, ohne daß dabei immer die kommunikativen Aspekte explizit herausgearbeitet werden [140: E.-B. KÖRBER, Öffentlichkeiten; 161: A. LUTTENBERGER, Pracht und Ehre, 291–326; 289: B. STOLLBERG-RILINGER, Politisches Verfahren, 91–132].

Bei der zweiten Definition, der Auffassung von *Kommunikation als sozialer Interaktion,* reicht die Spannweite der Kommunikation von mehr oder weniger flüchtigen Berührungskontakten bis zur Satellitenübermittlung einer Geheimbotschaft [34: R. BURKART, Kommunikationswissenschaft, 35–38]. Menschliche Kommunikation liegt folglich erst dann vor, wenn mindestens zwei Individuen ihr kommunikatives

(Marginalien:)

Definitionen der Kommunikation

Kommunikation als symbolisch vermittelte Interaktion

Kommunikation als soziale Interaktion

Handeln aufeinander ausrichten, mit dem Ziel der Verständigung oder der Vermittlung von Bedeutungen. Kommunikation wäre danach der wechselseitig stattfindende Prozeß der Bedeutungsvermittlung; und diese Definition der Kommunikation als sozialer Interaktion ist vielfach im historischen Kontext anzuwenden: z. B. für Migration von Handwerkern, für die Beziehungen zwischen Auftraggebern und Handwerkern, für die Kommunikation zwischen Kaufleuten [6: J. M. BAK, Symbolik, 39–45; 176: A. MÜLLER, Mobilität, 219–249]. Eine dritte Definition

Kommunikation als vermittelter Prozeß

versteht *Kommunikation als vermittelten Prozeß.* Ein Kommunikator oder Sender tritt über ein Medium mit einem Rezipienten oder Empfänger in Beziehung und übermittelt ihm eine Information [34: R. BURKART, Kommunikationswissenschaft, 35–38]. Die Übermittlung und deren Medium haben dabei die Kommunikationswissenschaft wie die Geschichtswissenschaft besonders interessiert. So gliederte Harry Pross die Medienlandschaft und damit auch die Mediengeschichte nach dem Einsatz technischer Hilfsmittel in primäre Medien, z. B. Sprache, Gestik, Mimik; weiter in sekundäre Medien, beispielsweise Bild, Schrift, Druck, sowie in tertiäre – vom Einsatz technischer Geräte abhängige – Medien wie Telegraf, Telefon, Radio, Fernsehen und Computer [230: H. PROSS, Medienforschung, 127f]. Auf diese Weise entwickelte er verschiedene Perioden der Mediengeschichte, die für die Rekonstruktion der Kommunikationsgeschichte zu berücksichtigen sind. Danach begann die erste Periode der europäischen Mediengeschichte mit der Ausbreitung der Schriftlichkeit im 12. und 13. Jahrhundert und reichte bis zum Ende des 18. Jahrhunderts; die zweite Periode umfaßte das Aufkommen der elektrischen Medien im 19. Jahrhundert bis zur Erfindung des Films; die dritte und vierte Periode waren dann durch die Entwicklung des Fernsehens und des Transistors gekennzeichnet [231: H. PROSS, Geschichte und Mediengeschichte, 8–22].

Die Kommunikationsrevolution der Frühen Neuzeit

Dagegen haben Michael Giesecke und auch Peter Burke eine andere Periodisierung vorgeschlagen. Für sie liegt der entscheidende Einschnitt an der Wende zur Neuzeit, als mit dem Übergang von der Handschrift zum Druck, d. h. mit dem Übergang von der skriptographischen zur typographischen Epoche der Kommunikationsgeschichte, ein neues Kommunikationssystem aus Druckern, Verlegern und Buchhändlern entstand. Die nächste große Umwälzung fand dann erst mit den elektrischen und elektronischen Medien im 19. und 20. Jahrhundert statt [81: M. GIESECKE, Buchdruck; 35: P. BURKE, Information und Kommunikation, 13–19].

Im wirtschafts- und sozialhistorischen Kontext interessiert hierbei besonders die Revolution der Kommunikationssysteme durch das neue Medium des Buchdruckes sowie durch die neue Institution der Post [65: E. EISENSTEIN, Printing Press; 198: M. NORTH (Hrsg.), Kommunikationsrevolutionen, 1995; 215: R. PIEPER, Die Vermittlung, 1993].

Hiervon haben Buchdruck und Buch besondere Aufmerksamkeit erfahren. Während E. EISENSTEIN [65: Printing Press, 303–313] vor allem die Auswirkung der neuen Technik auf die Geistesgeschichte untersuchte, ging M. GIESECKE [81: Buchdruck] dem Schlüsselmedium Buch und seiner Bedeutung für das entstehende neue Kommunikationssystem nach. Zentral war für ihn die Verbindung des neuen Mediums mit den marktwirtschaftlichen Handelsnetzen. Drucker, Verleger, Händler produzierten und vertrieben für ein anonymes Publikum, wobei das Buch die weltweite Verbreitung von Informationen und die langfristige Speicherung von Wissen ermöglichte sowie es allgemein erreichbar machte [81: M. GIESECKE, Buchdruck, 391–99]. `Buchdruck`

E. WEYRAUCH hat die Verbreitung des neuen Mediums auch quantitativ zu erfassen versucht und dabei eine Gesamtproduktion von 70–90 Mill. Büchern für das deutsche Sprachgebiet des 16. Jahrhunderts errechnet, was ca. 24 Mill. Arbeitstagen von Druckern und Setzern entsprochen hätte. Die gesamtökonomische Bedeutung des neuen Mediums ist daher nicht zu unterschätzen [324: E. WEYRAUCH, Buch].

Auch die Produktion von Flugschriften und Pamphleten für den politischen Diskurs war ein Geschäft, das zum Teil von den Verlegern der Bücher mitbetrieben wurde. Dabei unterscheidet die neuere Forschung zwischen den verschiedenen Funktionen des Pamphletes, zum einen im innenpolitischen Diskurs der Reformation und des frühmodernen Staates, zum anderen als Instrument der Außenpolitik [139: H.-J. KÖHLER (Hrsg.), Flugschriften; 173: O. MÖRKE, Pamphlet]. Wiederum eine andere Funktion, nämlich diejenige der aktuellen Information über Politik und Wirtschaft besaß die Zeitung, auf deren enge Verbindung mit dem postalischen Kommunikationssystem W. Behringer einmal mehr hingewiesen hat [12: W. BEHRINGER, Strukturwandel, 269–333]. `Flugschriften` `Zeitungen`

Bereits die Verleger der Vorläufer der Zeitung, der zweimal jährlich (zu den Messeterminen) erscheinenden Meßrelation, beriefen sich hinsichtlich der Authentizität ihrer Nachrichten auf die Information der Postmeister, und seit 1605 wurden in Straßburg im Postrhythmus die neuesten Nachrichten als Zeitung gedruckt. Amsterdam, Frankfurt (1615), Hamburg (1618), Danzig (1619), Köln (1620) folgten, so daß die West-Ost-Route also verhältnismäßig schnell abgedeckt war und sich in der Folgezeit das Zeitungsnetz verdichtete. Im Laufe der folgenden Jahrzehnte wurden überall Zeitungen gegründet. Der Zusammenhang mit den Ereignissen des Dreißigjährigen Krieges ist nicht zu übersehen, zumal Nachrichten aus Krieg und Politik die erste Stelle in den Zeitungen einnahmen. Dabei führte der anschwellende Strom der Nachrichten zusammen mit dem wirtschaftlichen Interesse der Verleger zu einer erhöhten Erscheinungsfrequenz, d. h. zu Veränderungen in der Periodizität. Seit den 1630er Jahren erschienen immer mehr Zeitungen nicht mehr wöchentlich, sondern zwei- oder dreimal in der Woche an festen Tagen. Außerdem gewannen die Zeitungen im Laufe des 17. Jahrhunderts an Aktualität. Nehmen wir beispielsweise eine Amsterdamer Zeitung und die Reaktion auf den Frieden von Breda zwischen England und den Niederlanden im Jahre 1667: 30 Tage dauerte die Übermittlung von Neapel oder Madrid nach Amsterdam, 26 von Rom, 20 von Venedig, 18 von Wien, 12 von Danzig sowie 6 Tage von Paris, London oder Hamburg. Das waren relativ kurze Zeiten, die bis zur Einführung des Telegrafen nur unwesentlich verkürzt werden sollten. Damit waren die Charakteristika der modernen Presse – Universalität, Publizität, Periodizität und Aktualität – weitgehend erfüllt [175: MORINEAU, Zeitungen, 37; 21: K. BEYRER, M. DALLMEIER, Post; 202: M. NORTH, Medien und Kommunikation, 685].

Postwesen   Postgeschichte wurde zumeist von engagierten Amateurhistorikern betrieben, bei denen kommunikationsgeschichtliche Fragestellungen im Hintergrund blieben. Dennoch entstanden im Umkreis des Postjubiläums von 1990 – 500 Jahre zuvor war von der Innsbrucker „Raitkammer" den mit der Einrichtung der Post beauftragten Taxis Geld ausgezahlt wurden – sowohl nützliche Überblicke zur Postgeschichte als auch neue Detailuntersuchungen zur postalischen Literatur [190: G. NORTH, Die Post; 11: W. BEHRINGER, Bausteine; 101: H.-D. HEIMANN, Neue Perspektiven; 84: H. GLASER, TH. WERNER, Die Post]. Am bedeutendsten sind dabei die Arbeit Behringers zur Geschichte des Hauses Thurn und Taxis [10: W. BEHRINGER, Thurn und Taxis] sowie seine Bonner Habilitationsschrift 1996 [12: W. BEHRINGER, Strukturwandel], die am Beispiel der Taxisschen Reichspost den Strukturwandel des frühneuzeitlichen Kommunikationssystems untersucht. In „Thurn und Taxis" beschreibt BEHRINGER eine Unternehmensgeschichte, in deren Zentrum die Post, die Basis des Taxisschen Erfolgs, steht. Gegründet zur staatlichen Nachrichtenübermittlung entwickelte sich die Post unter spanischer Schirmherrschaft relativ schnell zu einem öffentlichen Dienstleister, der vor allem die Augsburger Handelshäuser bediente [14: W. BEHRINGER, Fugger und Taxis], von dessen regelmäßigem Briefverkehr und Zeitungsvertrieb aber zunehmend auch ein gebildetes Publikum profitierte. Damit wurden Themen behandelt, die schon WERNER SOMBART als charakteristisch für die neuzeitliche Kommunikation herausgestellt hatte: „1. Der Übergang zur Allgemeinzugänglichkeit; 2. Einrichtung regelmäßiger Kurse: Ansetzung und Einhaltung bestimmter Abgangs- und Ankunftstermine; Bekanntmachung dieser Termine; 3. Herstellung eines Netzes von Botenkursen, die ineinandergreifen; 4. Vermehrung der Kurse: Intensivierung der Postverbindungen in Raum und Zeit; 5. Vervollkommnung des Einsammel- und Austeilungsverfahrens (...); 6. Tarifisierung der Leistungen: Aufstellung und Einhaltung von Taxen und Tarifen für bestimmt umschriebene Leistungen" [278: W. SOMBART, Kapitalismus, Bd. 2, 370 f.].

Auch wenn die Innovationen nicht gemäß der Sombartschen Priorität erfolgten, kamen den Punkten 2–4 doch zentrale Bedeutung für das neue Kommunikationssystem zu. So zeigt auch W. BEHRINGER [12: Strukturwandel, 61 ff.], daß bereits im 16. Jahrhundert Postkurse systematisch angelegt und im Laufe der Zeit optimiert wurden. Entscheidend war es dabei, die von den naturräumlichen Bedingungen abhängige optimale Distanz zwischen den Poststationen, an denen der Pferdewechsel stattfand, herauszufinden. So wurden auf der 665 km langen Strecke Brüssel-Augsburg die anfangs ca. 45 km langen Abschnitte zwischen den Poststationen im Laufe des 16. Jahrhunderts auf ca. 20 km reduziert, so daß diese für den Postreiter besser zu bewältigen waren.

Verfolgt man den Hauptpostkurs weiter nach Venedig oder Rom, so zeigt sich eine Verdichtung der Poststationen in Italien und damit ein Übergewicht dieses Raumes im Kommunikationssystem der Renaissance. Durch den Hauptpostkurs wurde diese Region aber mit dem nordwesteuropäischen Zentrum der Weltwirtschaft verbunden. Dabei übernahmen Brüssel und Antwerpen die Rolle eines Kommunikationszentrums zwischen Spanien, Frankreich, den Niederlanden, dem Reich und Italien. Nachrichten von Madrid nach Prag liefen ebenso über Brüssel wie die von Wien nach Paris (wobei Mailand eine Alternative darstellte). Die Endpunkte des Kommunikationssystems waren die politischen Zentren Madrid, Rom, Wien und Prag sowie die Handelszentren Antwerpen und Venedig. Nationale Zentren, jedoch mit geringerer Bedeutung im Gesamtkommunikationszentrum waren Neapel für das spanische Vizekönigreich, Lissabon für Portugal, Paris für Frankreich, London für England sowie Krakau für Polen. Innsbruck für Tirol und Augsburg für Deutschland spielten ebenso wie die regionalen Zentren Lyon, Turin und Mantua als Knotenpunkte eine wichtige Rolle [12: W. BEHRINGER, Strukturwandel, 67/68].

Ausbau der Postkurse

Kommunikations-
systeme im euro-
päischen Vergleich

Der Anteil Deutschlands am Gesamtsystem stand demnach hinter Italien, Spanien und selbst Frankreich zurück. Bestätigt und präzisiert wird die Bedeutung dieser Zentren durch die Arbeiten RENATE PIEPERS, die die Nachrichtenübermittlung im habsburgischen Imperium untersuchte [216: R. PIEPER, Die Vermittlung; 217: DIES., Informationszentren].

Am Beispiel der Nachrichten über die Ankunft der amerikanischen Silberflotten, die maßgeblich durch das Medium der neuen Zeitungen verbreitet wurden, rekonstruiert RENATE PIEPER ein Informationsnetz für das 16. Jahrhundert. Dabei sandten der Spanische Hof in Madrid sowie Sevilla die meisten Nachrichten aus. Im ausgehenden 16. Jahrhundert jedoch verlor Madrid sein Informationsmonopol, während Antwerpen und Venedig zu den Hauptinformationszentren avancierten. Abgesehen von den Fuggern in Augsburg, die den größten Teil der Edelmetallnachrichten erhielten, empfingen Antwerpen und Venedig die meisten Informationen. Venedig verfügte über enge und vielfältige Verbindungen zur Iberischen Halbinsel und bezog zudem Mitteilungen aus anderen italienischen Städten, um sie dann an die Abonnenten handschriftlicher Neuer Zeitungen in Italien und in Süddeutschland zu verschicken. Die Beziehungen von Antwerpen zu Spanien und Portugal waren geringer als diejenigen Venedigs. Dafür bestanden gute Kontakte zu den Generalstaaten (Middelburg) und eine direkte Verbindung nach London. Auf diese Weise hörten die Fugger und der Herzog von Bayern durch die Vermittlung Antwerpens von den Erfolgen englischer und niederländischer Kaperfahrten. Die Informationen, die von Antwerpen ausgesandt wurden, verbreiteten sich im allgemeinen über Köln im deutschen Sprachraum. Im Gegensatz zu Venedig, das auch Oberdeutschland mit Nachrichten versorgte, gelangten bei den hier analysierten Schriften keine Informationen von Antwerpen nach Süden [217: R. PIEPER, Informationszentren, 58]. Obwohl Antwerpen und Venedig ihren Zenit als Handelsmetropolen bereits überschritten hatten, waren sie in dem neuen Wirtschaftszweig des Informationsgeschäftes so erfolgreich, daß sie Nachrichten über aktuelle Ereignisse von allen Konfessionen und politischen Mächten erhielten und innerhalb Europas verbreiteten. Im 17. Jahrhundert wurde dann Amsterdam mit seinen gedruckten Tageszeitungen und seinen Waren-Preis-Courants zum Nachrichtenzentrum für Nordwesteuropa [175: MORINEAU, Zeitungen].

Verkürzung der
Brieflaufzeiten

Mit dem neuen Kommunikationssystem der Post veränderte sich die Wahrnehmung von Raum und Zeit in Europa. Die Menschen rückten räumlich und zeitlich einander näher. Die Strecken Brüssel-Paris wurden im beginnenden 16. Jahrhundert vom Postreiter in 1½ Tagen, Brüssel-Innsbruck in 5 Tagen, Brüssel-Neapel oder Brüssel-Granada in 2 Wochen erreicht [10: W. BEHRINGER, Thurn und Taxis, 364]. Dies war vergleichsweise schnell. Auch im städtischen Botenwesen der Hansestädte, das von laufenden Boten getragen wurde, verkürzten sich durch regelmäßige Zeitpläne die Brieflaufzeiten. Hatte im 15. Jahrhundert nach dem Zeugnis der Veckinchusen-Korrespondenz ein Brief von Lübeck nach Brügge im Sommer 11–20 Tage und im Winter 13–24 Tage benötigt [154: M. LINDEMANN, Nachrichtenübermittlung, 17 f.], war ein Brief in der ersten Hälfte des 17. Jahrhunderts nur noch 8 Tage im Sommer und 10 Tage im Winter zwischen Lübeck und Antwerpen unterwegs [195: M. NORTH, Nachrichtenübermittlung, 299: M. TEUBNER, Stadtbotenwesen]. Der wöchentliche Postrhythmus mit festgesetztem Abgangstag, dem Posttag, prägte und revolutionierte zugleich die Kommunikation und Schreibgewohnheiten in der Frühen Neuzeit, und auch die Erscheinungsfrequenz der Zeitungen folgte der Frequenz der Postreiter.

Waren die Veränderungen des Kommunikationssystems so grundlegend, daß man von einer Kommunikationsrevolution sprechen kann? Die Frage wird in dem gleichnamigen Sammelband [198: M. NORTH (Hrsg.), Kommunikationsrevolution] angesprochen, die die „frühneuzeitliche Medienrevolution" [81: M. GIESECKE, Buchdruck, 63] mit der durch Telefon, Telegraf, interkontinentalen Brief geprägten Kommunikationsrevolution des 19. Jahrhunderts vergleicht. Dabei fallen mehrere scheinbar paradoxe Phänomene auf. Zu diesen gehört die Tatsache, daß trotz der revolutionären Umwälzung der Kommunikationssysteme die Entwicklung der einzelnen Medien durchaus evolutionär verlief. Das gilt z. B. für das 16. Jahrhundert, in dem zwar das Schlüsselmedium Buch die Kommunikationsstrukturen innerhalb von 50 Jahren grundlegend veränderte, die anderen Medien aber wie die – anfänglich noch handgeschriebenen – Zeitungen und die Pamphlete Entwicklungen von längerer Dauer durchmachten, die erst mit der Entstehung eines Informations- und eines Meinungsjournalismus im 17. und 18. Jahrhundert ihren Endpunkt erreichten. Ebenfalls widersprüchlich erscheint, daß die Beschleunigung der Kommunikation und die Regelmäßigkeit der Kommunikation (per Post) für die Mehrheit der Bevölkerung zunächst unbezahlbar blieb. Die Behauptung von WOLFGANG BEHRINGER: „Mit den Institutionen und Medien im Umkreis der Post konnte jeder einzelne Mensch mit jedem einzelnen Ort des Kontinents problemlos persönlich durch Reisen oder als Korrespondent in Kontakt treten" [13: W. BEHRINGER, Fahrplan, 51], ist daher nur in der Theorie richtig.

Kommunikations-
revolution

Soziale Kosten der
Kommunikations-
revolution

In diesem Zusammenhang stellt sich auch die Frage nach den sozialen Kosten der Kommunikationsrevolution: Welche gesellschaftlichen Auswirkungen zeigte der Informationsvorsprung einer gesellschaftlichen Gruppe oder eines bestimmten Landes auf Kosten anderer
Gruppen oder Länder? Das Problem ist aber wie die meisten sozialen
Aspekte der Kommunikation noch unzureichend erforscht und damit
eine vordringliche Aufgabe künftiger Forschung.

2. Reisen und Reisekultur

Reisen in der histo-
rischen Forschung

Reisen und Mobilität erfreuen sich als Teilbereich der Kommunikationsgeschichte seit den 1980er Jahren eines intensiven Interesses verschiedener Disziplinen. Neben der Geschichtswissenschaft und der
Geographie schenkten vor allem Literaturwissenschaftler, Soziologen
und Volkskundler diesen Phänomenen besondere Aufmerksamkeit.
Angeregt wurde dabei die Reiseforschung zu einem erheblichen Teil
durch die Mediävisten. Ihnen verdanken wir nicht nur anregende Überblicke wie N. OHLERS „Reisen im Mittelalter" [209: Reisen], sondern
auch instruktive Sammelbände [112: G. JARITZ, A. MÜLLER (Hrsg.),
Migration; 67: X. VON ERTZDORFF, D. NEUKIRCH (Hrsg.), Reisen]. Im
letztgenannten Band hat darüber hinaus P. MORAW [174: Reisen] in
einem Forschungsbericht die spätmittelalterliche Reiseforschung re-
sümiert und vor allem fünf Felder der Reiseforschung herausgestellt:
1. die Rolle der Kirche, 2. die Überwindung des Raumes, 3. wirtschaft-
lichen Austausch, 4. Mobilität einzelner (Wallfahrten, Universitätsbe-
suche etc.), 5. Bildung und Kulturvermittlung. Von diesen Themen sind
die Überwindung des Raumes, der wirtschaftliche Austausch sowie
Bildung und Kulturvermittlung auch Gegenstände der frühneuzeitlichen Reiseforschung.

Reisegeschwindig-
keiten

Dabei werden die Bewältigung und Überwindung des Raumes von
Fragen der Reisegeschwindigkeit, der Personenbeförderung und der
Reisekultur im Zeitalter von der Eisenbahn beherrscht. Als zentrales
Forschungsproblem wurde dabei von KLAUS BEYRER die Entwicklung
der Fahrpostsysteme in Deutschland herausgestellt [19: K. BEYRER,
Postkutschenreise, 56–62]. An anderer Stelle hat BEYRER die organisa-
tionstechnisch bedingte „Institutionalisierung des Reisens" durch die
Post hervorgehoben. Hierzu gehörten ein riesiger Apparat an Post-
haltern, Postillionen und Fuhrknechten sowie ein zähes Ringen mit der
Natur und der staatlichen Bürokratie. Als Endziel erreichte die Post die

Fähigkeit, „Personen ungeachtet ihres Ranges und Ansehens und ohne Rücksicht auf das Wetter, zu festgesetzten Tageszeiten und unabhängig von der Tagesnachfrage – will sagen: fahrplanmäßig – über weite Strecken zu befördern" [20: K. BEYRER, Zeit, 9]. W. BEHRINGER [12: Strukturwandel, 350 ff.] zeichnet diese Entwicklung vom individuellen Reisen mit der Post über die Verregelmäßigung des Fahrbetriebs bis hin zum fahrplanmäßigen Postkutschenverkehr nach. Quellenmäßig greifbar ist der individuelle Postreiseverkehr erstmals im Tagebuch des Augsburger Kaufmanns Lucas Rem, der 1515 von Augsburg nach Brüssel bzw. Antwerpen „auf der Post" reiste, d. h. die Posten, die Pferdewechselstationen der Taxis-Post, nutzte. Auf der ca. 620 km langen Strecke ritt er 23 Posten an und benötigte 6 Tage [12: W. BEHRINGER, Strukturwandel, 74].

Was die Periodizität des Fahrbetriebs betrifft, zieht BEHRINGER Parallelen zum Zeitungswesen. Unregelmäßige Transportdienstleistungen entsprachen den „Neuen Zeitungen" (die aber seit 1580 regelmäßig waren), saisonale Rollwagenbetriebe (im Sinne von Jörg Wickrams „Rollwagenbüchlein") korrespondierten mit den halbjährlich gedruckten Meßrelationen, während periodische Personenfuhren von Düsseldorf in die Niederlande seit den 1620er Jahren angeboten wurden. Als erste Ordinari-Fahrpost hat BEHRINGER die 1649 etablierte, 14tägig verkehrende Kutsche der Reichspost zwischen Frankfurt und Kassel ausgemacht, der 1655 eine Fahrpostverbindung Braunschweig-Celle-Hamburg folgte, die sich angesichts der Widerstände der norddeutschen Territorien aber nicht halten konnte. Der Personentransport wurde im Alten Reich zur Ländersache, und erst im 18. Jahrhundert gelang es der Reichspost durch Prozesse vor den Reichsgerichten, Aufkauf von Privilegien und bilaterale Vertragwerke, eine periodische Fahrpost zu etablieren. Insbesondere Kaufleute und Manufakturunternehmer forderten die Einrichtung von Fahrpost-Coursen anstelle der ohne Pferdewechsel verkehrenden Landkutschen [12: W. BEHRINGER, Strukturwandel]. Die Einführung komfortablerer Kutschen, der Diligencen, und der Übergang zu täglich verkehrenden Journalieren veränderten die Reisekultur grundlegend. Dennoch waren die Defizite, die sich aus der Topographie und vor allem aus dem Straßenzustand ergaben, kaum zu überwinden. So betrug die Normgeschwindigkeit der kursächsischen Postkutsche 1722 4,5 km pro Stunde, in Preußen 7,5 km, während die reale Fahrzeit der Reichspost auf eine Geschwindigkeit von 3–4 km pro Stunde rekonstruiert wurde. Zwar brachten die Verbesserung der Straßen und vor allem der Chausseebau eine Verkürzung der Fahrzeit, aber es kam immer wieder zu erheblichen Verspä-

Personenverkehr

tungen [12: W. BEHRINGER, Strukturwandel, 440–446]. Entsprechend klagte die Kaufmannschaft zahlreicher Städte über die Unzuverlässigkeit der Post. Auch die reisenden Zeitgenossen stimmten in ein Lamento über die Postkutsche ein. Der schlechte Straßenzustand, die Unbequemlichkeit der Postkutsche, die übermäßigen Stationsaufenthalte sind nur einige der immer wieder vernommenen Klagen. Demgegenüber wies der aufgeklärte Reisende gerne auf die französischen Chausseen und die leichten gefederten englischen *stage coaches* hin [20: K. BEYRER, Zeit, 16 f.]. Entsprechend war es erst das Schnellpostsystem, das das Reisen hinsichtlich der Geschwindigkeit und der Bequemlichkeit revolutionierte. Hierbei ging Preußen voran, dessen Straßensystem im späten 18. Jahrhundert noch dem Chausseenetz der süddeutschen Staaten unterlegen gewesen war. Motiv der preußischen Reformen war, Personen ebenso schnell wie Briefe zu befördern. Dies geschah erstmals 1821 auf der Kunststraße zwischen Koblenz, Köln und Düsseldorf, wo jetzt Reisegeschwindigkeiten zwischen 12 und 13 km pro Stunde erreicht wurden. Hierzu trug auch die Verkürzung der Aufenthaltszeiten auf 5 Minuten beim Pferdewechsel und 30 für die Mahlzeiten bei. Eine tägliche Postkutschenverbindung zwischen Paris und Berlin (mit Anschluß nach St. Peterburg) war jetzt möglich [191: G. NORTH, Revolution, 291–297].

Reiseliteratur   Ausdruck der neuen Reisekultur ist die anschwellende Reiseliteratur, die seit einigen Jahren auch das Interesse der Historiker geweckt hat. Dabei fragten die Historiker nach dem Quellenwert [163: A. MĄCZAK, Zu einigen vernachlässigten Fragen, 315] oder werteten die Reiseliteratur nach spezifischen Fragestellungen aus. Wichtig erscheint eine Systematisierung des Quellenmaterials, wie sie von M. LINK bereits 1963 vorgenommen wurde. Während LINK zwischen Reiseführern und Reisehandbüchern, wissenschaftlichen und populärwissenschaftlichen Reiseschriften, Reisetagebüchern, Reiseberichten und Reisebeschreibungen, Reisenovellen und Reiseromanen unterscheidet [155: M. LINK, Reisebericht], versteht C. NEUTSCH unter Reiseliteratur „1. Apodemiken, Reisehandbücher und Reiseführer, ferner alle weitere für Reisende verfaßte Literatur, worunter geographische Werke ebenso fallen können wie z. B. Gaststättenverzeichnisse, gedruckte Fahrpläne und Karten. 2. Reisebeschreibungen, d. h., gedruckte Berichte über eine unternommene Reise" [187: C. NEUTSCH, Reisen, 9]. Es geht ihm also um gedruckte Literatur, während handschriftliche oder persönliche Berichte unberücksichtigt bleiben. Jedoch haben gerade diese, obwohl bisher nur bruchstückhaft erfaßt oder ediert, einen spezifischen Quellenwert. So beobachteten z. B. die englischen Reisenden Fynes Moryson und Peter Mundy im ausgehenden 16. und im 17. Jahrhundert auf ihren Reisen durch West- und Mitteleuropa nicht nur aufmerksam, sondern führten auch fleißig Tagebuch. Ihre Aufzeichnungen notieren nicht nur alles Fremde und Ungewöhnliche, sondern enthalten auch allgemeine Aussagen (z. B. zu Beschaffenheit und Fruchtbarkeit des Landes, zu Kleidung und Sitten und Sprache der Bevölkerung) und im Falle Morysons darüber hinaus zu Geldausgaben für Mahlzeiten, Übernachtungen und Beförderung, aus denen sich Erkenntnisse zum Lebenshaltungsniveau und dessen regionalen Variationen erschließen lassen [200: M. NORTH, Reiseberichte, 197–208; 162: A. MĄCZAK, Ceny, ebenda Anm. 2]. Bisher kaum ausgewertet, sofern sie nicht gedruckt vorliegen, wurden auch die Tagebücher, die der europäische Adel oder seine gelehrten Begleiter auf der Kavalierstour führten.

Ungleich günstiger ist der Forschungsstand bei der gedruckten Reiseliteratur (des 18. Jahrhunderts), die im ausgehenden 18. Jahrhundert eine regelrechte Konjunktur erlebte. Während sich die Buchproduktion zwischen 1770 und 1800 verdoppelte, verfünffachte sich die Zahl der veröffentlichen Reisewerke. Diesem steigenden Interesse eines entstehenden Bildungsbürgertums trugen einerseits die Zeitschriften, die Reisebeschreibungen wie auch kürzere Reisenotizen veröffentlichten, und andererseits die Lesegesellschaften, die Reiseliteratur ausliehen, Rechnung. Dabei änderte sich auch der Tenor der Reisebeschreibungen, die zunehmend über die Wissensanhäufung hinausgingen und die bestehenden Verhältnisse sozialkritisch aufs Korn nahmen, wenn sie nicht schon in der Gegenwart Elemente des Fortschritts hervorheben wollten. Das Spektrum der behandelten Themen hat H. SCHWARZWÄLDER anhand der norddeutschen Reiseliteratur in sechs Themenbereiche eingeteilt: 1. Reisen (Information des Lesers über Reiseverhältnisse), 2. Begegnung mit Objekten (Charakterisierung von Landschaften, Sehenswürdigkeiten, Museen etc.), 3. Begegnung mit Menschen (Beschreibung des gesellschaftlichen Erlebnisses oder des persönlichen Gedankenaustauschs), 4. Begegnung mit Strukturen (Beobachtung der Wirtschaft und ihrer Sektoren, aber auch gesellschaftlicher und kultureller Strukturen aus persönlichem oder wissenschaftlichen Interesse). 5. Historische Ereignisse (Schilderung der aktiven oder passiven Teilnahme), 6. Literarische Gestaltung der Reisebeschreibung (Raum für persönliche Urteile und z. B. aufklärerische Absichten [272: H. SCHWARZWÄLDER, Reisebeschreibungen, 166–168]. Für den Wirtschafts- und Sozialhistoriker besitzt vor allem die Rubrik 4 (Begegnung mit Strukturen) Quellenwert. Darüber hinaus

Diversifizierung der Reisebeschreibungen

ist die Reiseliteratur selbst Zeugnis und Stimulanz der neuen bürgerlichen Reisekultur, die die Bildungsreise an die Stelle der Kavalierstour
setzte. In einer ersten wirtschafts- und sozialhistorischen Dissertation
zu dieser Thematik hat sich daher C. NEUTSCH die Aufgabe gesetzt,
einerseits die Wirkungen der Reisekultur auf das Wirtschaftsleben zu
untersuchen und andererseits die Reiseliteratur als Quelle zur Wirtschaftsgeschichte des Rheinlands und Westfalens auszuwerten [187: C.
NEUTSCH, Reisen]. Da er sich aber auch im ersten Teil weitgehend auf
die Reiseliteratur stützt, führt das zu zahlreichen Überschneidungen,
z. B. zwischen den Neuerungen des Postreiseverkehrs in Kapitel 2.2.
und den Beobachtungen der Reiseschriftsteller zum Postreiseverkehr in
Kapitel 3.2.

Reisekultur   Ohnehin schenkte die Reiseliteratur, in dem Maße, wie sie sich
verbreitete, der Personenbeförderung große Aufmerksamkeit. Entsprechend steht der Transport per Kutsche und (Dampf-)Schiff im Zentrum
der wirtschafts- und sozialhistorischen Aussagen der Reiseschriftsteller. Dabei wurden durchaus – wie C. NEUTSCH [187: Reisen, 149–153]
zeigt – Vorurteile und Stereotypen, z. B. der „phlegmatische Postil-
lion", bedient und tradiert. Die Rezeption und Verbreitung solcher Ste-
reotype war aber seit jeher integraler Bestandteil der Reisekultur und
kam bei der Begegnung mit dem Fremden besonders zum Tragen. Unter dem wirtschafts- und sozialhistorischen Aspekt interessiert aber
eher die Gesamtheit reisekultureller Forschung, von deren Spektrum
der von H. BAUSINGER, K. BEYRER und G. KORFF [8: Reisekultur] herausgegebene Sammelband „Reisekultur" Zeugnis ablegt. Hier werden
u. a. die verschiedenen Reisetypen und die gesellschaftlich und beruf-
lich Reisenden überblickartig zusammengestellt: Pilger [104: K. HER-
BERS, Unterwegs, 23–31], Wallfahrer [219: R. PLÖTZ, Wallfahrten, 31–
38], Kavaliere [276: W. SIEBERS, Lehrfahrten, 47–57], Handwerker
[66: R. S. ELKAR, Auf der Walz, 57–61], Hausierer [85: CHR. GLASS,
Mit Gütern unterwegs, 62–69], Vaganten [23: H. BOEHNCKE, Bettler,
69–74], Kaufleute [189: C. NEUTSCH, H. WITTHÖFT, Kaufleute, 75–82],
Gelehrte [188: C. NEUTSCH, 146–152]. Leider fehlt dem Band eine
konzise Einleitung oder Zusammenfassung, die Desiderata benennt
und künftige Forschungsfelder absteckt. Dieser Aufgabe unterzieht
sich aber dankenswerterweise M. MAURER [166: Neue Impulse], der in
dem von ihm herausgegebenen Sammelband einen umfangreichen Forschungsbericht zur Reisegeschichte aus kulturgeschichtlicher Perspektive bietet.

3. Inlandsverkehr und Transportkosten

Die Geschichte des Verkehrs gehört zu den eher vernachlässigten Ge-   Binnenverkehr
biete der deutschen Wirtschafts- und Sozialgeschichte. Zwar war „Inland Transport and Communication from the 11th to the 20th Century"
eines der Hauptthemen des internationalen Wirtschaftshistorikerkon-
gresses in Leuven 1990 [102: J.-J. HEIRWEGH, Transports, 71–76; 38:
F. CARON, L'évolution, 85–93], aber der Schwerpunkt einer seit dieser
Zeit im Aufwind befindlichen Verkehrsgeschichte liegt geographisch in
Westeuropa und zeitlich im 19. und 20. Jahrhundert. Themen sind dabei vor allem Eisenbahn und Binnenschiffahrt. Dennoch bieten manche
Konferenzbände auch Einsichten in die vorindustrielle Zeit bzw. allgemeine Erkenntnisse über das Gesamtphänomen. Zu nennen ist hier das
von A. KUNZ und J. ARMSTRONG herausgegebene Buch zur Binnenschiffahrt [148: A. KUNZ, J. ARMSTRONG (Hrsg.), Inland Navigation,
1–9], das auch die unterschiedlichen Interessen am Wasserstraßen-
system zur Sprache bringt. Während der Verkehrshistoriker in der Regel die Verbesserung der Flußsysteme (Schiffbarkeit) sowie die Anlage
von Kanälen als die Lösungen des neuzeitlichen Transportsystems (Beschleunigung und Verbilligung des Transports) ansieht, waren Flüsse
und Kanäle für den Großteil der (ländlichen) Bevölkerung in erster
Linie Bestandteil der Landbe- und -entwässerung sowie eine Ener-
giequelle. Zu fragen ist deshalb nach der gesamtwirtschaftlichen
Bedeutung der Binnenschiffahrtssysteme. Dabei heben KUNZ und ARM-
STRONG im Einklang mit der westeuropäischen Forschung die zentrale
Rolle der Fluß- und Kanalsysteme für den vorindustriellen Waren- und
Personenverkehr hervor, da jene in „Abwesenheit benutzbarer Straßen
manchmal die einzig verfügbare Transportart" darstellten [148: KUNZ,
ARMSTRONG, Inland Navigation, 7]. Die Verbesserung der Wasserwege
wurde zu einer der Hauptaufgaben merkantilistischer Politik, insbesondere in Frankreich und Preußen im 18. Jahrhundert, während das
Kanalbaufieber in England seit der zweiten Jahrhunderthälfte den indu-
striellen „take-off" mit vorbereitete. In den Niederlanden dagegen hatte
der Inlandverkehr mit den sogenannten Trekschuiten bereits im
17. Jahrhundert zum niederländischen Sozialprodukt beigetragen und
wurde von J. DE VRIES auch als Indikator für Wohlstand und Wirtschaftskonjunktur angesehen [309: J. DE VRIES, Barges]. Im Lichte der
deutschen verkehrsgeschichtlichen Forschung, insbesondere der Arbeiten von WITTHÖFT, SCHREMMER und WALTER, erscheinen aber einige
dieser Annahmen als revisionsbedürftig. Denn neben Kostenkalkula-

tionen für den Land- und Wassertransport rekonstruieren die genannten Autoren sowohl die Entwicklung eines hauptberuflichen Transportgewerbes, die sich ständig veränderten Routenpräferenzen sowie die darauf einwirkenden Faktoren.

Land- und Wasser-transport   Nach R. WALTER [311: Kommerzialisierung, 67–69] zeigt der Kostenvergleich für das Jahr 1811 auf der parallel laufenden Wasser-/ Landroute Straßburg-Mainz doppelte bis dreifache Kosten der Landfracht gegenüber der Wasserfracht (2 Fr 10 Cent.: 4–6 Fr. pro 50 kg). Jedoch wurden die Transportkosten sowohl durch die Qualität der Güter (Stückgut war auf dem Wasser teurer als Massengut) als auch durch die potentielle Auslastung beeinflußt. Messestädte wie Leipzig sorgten für ausgelastete Rückfrachten, so daß Spediteure hier geringere Landfrachtkosten in Rechnung stellten. Für die Nord-Süd-Strecke haben M. EDLIN-THIEME und E. SCHREMMER alternative Handelsrouten kalkuliert. Danach beliefen sich in der zweiten Hälfte des 18. Jahrhunderts die Frachtkosten für einen Brutto-Zentner Handelsware auf der Route Hamburg-Mainz/Mannheim-München auf 43 fl. zu Wasser gegenüber 68 fl. zu Lande. Auf der Hauptroute Hamburg-Magdeburg-Regensburg-München fielen 29 fl. bzw. 63 fl. an. Dagegen kostete die Route Hamburg-Lüneburg-Nürnberg-München (auf der nur der Abschnitt Hamburg-Lüneburg auf dem Wasser zurückgelegt wurde), 85 fl. [267: E. SCHREMMER, Bayern, 630–631; 61: M. EDLIN-THIEME, Handelsstand, 8–10]. Dennoch waren die Frachtkostenunterschiede nur ein Faktor für die räumlich unterschiedliche Verteilung von Gütern oder die von Kaufleuten präferierten Handelsrouten. Ein Nachteil der Schiffahrtsroute waren trotz ihrer Kostengunst die unverhältnismäßig langen Transportzeiten, die sowohl durch lange Liegezeiten als auch durch das arbeitskraftintensive Treideln bei der Bergfahrt verursacht wurden. So benötigte man 1752 für eine Ladung von 3000 Zentnern auf zwei Schiffen für die Strecke Speyer-Straßburg im Idealfall 17 Tage, im Winter aber bis zu 24 Tagen. Allein 64 Personen waren zum Ziehen nötig, die alle verpflegt werden mußten. Steigende Lebensmittelkosten verteuerten entsprechend auch den Transport. Beschleunigt werden konnte der Transport, indem man die Treidelpfade freihielt oder verbesserte und fahrplanmäßig (z. B. alle 10 Tage) Lastschiffe zwischen bestimmten Städten verkehren ließ. Dies erlaubte die Kalkulation und Planung der Spediteure und verringerte die Liegezeiten [311: R. WALTER, Kommerzialisierung, 76–77].

Bayern   Mit welchen Faktoren Kaufleute und Spediteure im 18. Jahrhundert zu rechnen hatten, beschreibt E. SCHREMMER ausführlich am Beispiel Bayerns [267: E. SCHREMMER, Bayern, 616–633]. Hier waren

nicht nur der Warenbezug aus dem Süden und der Transport durch
Bayern durch die Schließung traditioneller Verkehrswege und die Privilegierung neuer Routen ständigen Veränderungen unterworfen, sondern auch die Benutzung der von den Kaufleuten bevorzugten schnel-
len Nordstrecke über Nürnberg, Magdeburg bzw. Lüneburg nach Hamburg stand immer wieder zur Diskussion. Da die fränkischen Territorien ihre Zollsätze und Straßenbenutzungsvorschriften immer wieder
änderten, mußte der Kaufmann oder Spediteur ständig neu kalkulieren,
ob die Strecke nach Norden durch Franken über Main und Rhein oder
über Fulda und Hannover nicht kostengünstiger war. Dabei spielte die
Konkurrenz der fränkischen Territorien um Transithandel und Speditionsgeschäft eine große Rolle. Nachdem das Fürstentum Schwarzen-
berg das am Main gelegene Marktbreit als Umschlagszentrum für den
internationalen Handel gefördert hatte, baute das Bistum Würzburg
Kitzingen als Zentrum der Frachtschiffahrt aus. Fortan durften in Kitzingen ankommende Waren nur von Kitzinger Schiffen talabwärts
transportiert werden. 1766 entschlossen sich Mainz, Würzburg, Bam-
berg sowie Ansbach und Bayreuth zur Anpassung und Senkung ihrer
Zolltarife. Sie konnten damit aber nicht verhindern, daß im ausgehenden 18. Jahrhundert die zwar langsamere, aber preiswertere Rhein-
Neckar-Donau-Verbindung immer mehr in den Vordergrund trat. Ursache hierfür war u.a. das 1778 erlassene *Beneficium Speditionis,* das
nach dem Anschluß der Kurpfalz an Bayern Mannheim für die entgan-
gene Hauptstadtfunktion entschädigen sollte. Danach erhielten alle einheimischen Spediteure bei der Einfuhr ihrer Waren über Mannheim,
Heidelberg oder Frankenthal eine Reduktion des Transitzolls um 75%
sowie der Importaccise um 50%. Obwohl die Münchener Kaufleute
noch immer die Nordostroute über Magdeburg nach Hamburg bevorzugten, da diese aufgrund der zahlreichen Zoll- und Umladestatio-
nen auf dem Rhein kürzer war und auch mehr Rückfracht bot, lohnten
jetzt zeitraubende Einfuhren auf dem Umweg über Mannheim [61: M.
EDLIN-THIEME, Handelsstand, 103].

Die engen Zusammenhänge zwischen Zollpolitik und Waren-   Lüneburger
transport bestätigt H. WITTHÖFT aus dem Blickwinkel der Lüneburger   Spedition
Spedition [326: H. WITTHÖFT, Spedition, 147–149; 328: H. WITTHÖFT,
Lüneburg, 211–213]. Lüneburg besaß im 18. Jahrhundert eine Schlüs-
selstellung im norddeutschen Speditionshandel. Dabei nutzte es seine
günstige Lage zu den Elbübergängen sowie an den traditionellen
Frachtrouten nach Innerdeutschland sowie seine Wasserstraße nach
Hamburg und Lübeck. Zwar gelang es Preußen in der Jahrhundertmitte,
durch die Wiedereinrichtung des Magdeburger Stapels sowie durch die

Verschärfung der Transitzölle den Gütertransport auf der Elbe und die Konkurrenzfähigkeit der Magdeburger Kaufleute zu verbessern, aber die Tariferhöhungen der 1760er Jahre hoben diesen Vorteil wieder auf. Dabei trafen die neuen Zölle zunächst die Fuhrleute, die diese dann an Spediteure und Kaufleute weitergaben. Letztere taten sich ebenso schwer wie die Münchener Kaufleute, ihre traditionellen Routen und Verkehrswege aufzugeben. Aufgrund der Bedeutung der Spedition für die Lüneburger Wirtschaft – er war nach dem Abflauen des Salzhandels der wichtigste Wirtschaftszweig – nahmen sich der Rat und das Commerz-Collegium immer wieder dieses Themas an. Dabei wurden Störungen des Gleichgewichts von Warenaufkommen und Frachtvolumen angesprochen und die Ursachen benannt (hohe Futterpreise, schlechte Wege, gestiegene Importpreise aufgrund des Amerikanischen Unabhängigkeitskrieges, frühes Zufrieren der Elbe). Hieraus ergibt sich eindeutig, daß die Lüneburger Spedition in erster Linie von dem Aufschwung des Hamburger Handels im 18. Jahrhundert lebte und dieser, was die Distribution ins Binnenland betraf, unweigerlich auf die Dienste des Frachtzentrums Lüneburg angewiesen war. WITTHÖFT gewinnt aus diesen Quellen eine Vielzahl von Erkenntnissen über die einzelnen Fuhrleute und Fuhrwerkegruppen, ihre Herkunft, ihren Gütertransport „oberwärts" oder „niederwärts". An dieser Stelle beschränke ich mich auf die Bestimmungsorte der Fuhrwerke: Brandenburg, Anhalt, Kursachsen, Sächsische Herzogtümer, Schlesien, Böhmen, Mähren, Österreich, Ungarn; Schwaben, Franken, Nürnberg; Celle, Hannover, Peine, Braunschweig, Hildesheim [328: WITTHÖFT, Lüneburg, 214–216; 326: Spedition, 154–156].

Bedeutung des Landtransports   Hieraus wird erstmals offenkundig, wie groß die Bedeutung des Landtransports für den europäischen Handel, insbesondere auf der Route Hamburg-Leipzig war und wie wenig wir bisher darüber wissen. Eine systematische Untersuchung von Spedition, Umschlag, Transport und Frachtwesen, die sich nicht auf einen Standort oder eine Stadt konzentriert und den Routen und Berufen, d. h. ihrer interregionalen Verknüpfung folgt, steht noch immer aus. Hier wäre dann das nebengewerbliche Fuhrwesen der Bauern ebenso zu untersuchen wie der Übergang zum hauptberuflichen Transportgewerbe. Daß von den Zeitgenossen des 18. Jahrhunderts die zunehmende Professionalisierung des Fuhrwesens aufgrund der steigenden Frachtraten als Problem empfunden und sogar über die Einrichtung eines hauptberuflichen landesherrlichen Transportgewerbes nachgedacht wurde, illustriert E. SCHREMMER [266: Strukturwandel, 577–591] am Beispiel Bayerns. Dennoch nahm ein staatliches Transportgewerbe erst mit der Eisenbahn seinen Dienst auf.

4. Messen und Börsen

RICHARD EHRENBERG und in seiner Nachfolge FERNAND BRAUDEL ent- Messen
warfen ein Stufenschema der Organisationsformen des Großhandels.
Danach wurden die Jahrmärkte von den privilegierten Messen und diese
später von den fortschrittlicheren Börsen abgelöst [63: R. EHRENBERG,
Zeitalter, Bd. 2; 32: F. BRAUDEL, Handel, 91–101]. Dagegen zeigt die
intensive Messeforschung eher ein Neben- und Miteinander der verschiedenen Organisationsformen, wobei bereits die definitorische bzw.
typologische Abgrenzung Schwierigkeiten bereitet. Grundlegend defi-
nierte J. GILISSEN [82: The Notion, 334] die Messen als „... large organi-
zed gatherings, at regulary spaced intervals, of merchants coming from
distant regions". Der Unterschied zum Markt liegt darin, daß der Markt
eine Institution des lokalen Handels, die Messe eine Institution des
Fernhandels sei. Chronologisch konstruiert GILISSEN [82: The Notion,
337 f.] vier Phasen der Messeentwicklung: 1) die Zeit vor dem 12. Jahrhundert, mit Messen im fränkischen Reich, im vorderen Orient und in
Rußland, über deren ökonomische Bedeutung und Organisationsformen
wenig bekannt ist, 2) die Zeit des 12. und 13. Jahrhunderts, in der in
Westeuropa zahlreiche Messen entstanden und sich ihre innere Organisation herausbildete, 3) das 14. bis 17. Jahrhundert, in denen die älteren
Messeplätze durch neue abgelöst wurden und der über die Messen
abgewickelte Handel seinen Höhepunkt erreichte, bevor im 18. Jahrhundert neue Handelstechniken den Niedergang der Messen einleiteten,
und 4) die Messen des 19. und 20. Jahrhunderts als Zeit der Muster- und
Branchenmessen und internationalen Ausstellungen.

Deutlich präziser hat K. H. KAUFHOLD [125: Messen, 242–248]
die Messen begrifflich bestimmt und vor allem die Strukturmerkmale
der Messen hervorgehoben: „Messe ist also Markt, doch darf dieser
Satz nicht umgedreht werden, denn nicht jeder Markt ist Messe, selbst
wenn er sich so nennt. Hinzukommen müssen vielmehr
– regelmäßige Wiederkehr zu bestimmten, zeitlich begrenzten Termi-
    nen,
– Standorttreue, also Veranstaltung an demselben Ort,
– ein breites Angebot von Waren (Rohstoffe, Halbfertigwaren, Fertig-
    produkte) unmittelbar für den Verkauf (Warenmesse) oder von Mu-
    stern, auf deren Grundlage Waren bestellt werden können (Muster-
    messe),
– Verkauf in der Regel, zumindest in erheblichem Umfang, nur an
    Wiederverkäufer,

– ein den lokalen oder regionalen Rahmen überschreitendes Geschäft.

Von diesen fünf Merkmalen treffen die drei ersten auch auf sonstige Marktveranstaltungen zu, das macht die Abgrenzung zwischen diesen und den Messen vor allem für die ältere Zeit oft schwierig. Um so nötiger ist es, das vierte und das fünfte Merkmal klar herauszuarbeiten" [125: K. H. KAUFHOLD, Messen, 242]. Als Strukturmerkmale der Messen können daher die Periodizität (mindestens zweimal jährlich zu bestimmten Zeiten), die Privilegierung, die Rechtsautonomie sowie die Kombination von Handels- und Zahlungsverkehr als entscheidend angesehen werden. Die Messen übernahmen also zentrale Funktionen im Warenumschlag und Kreditverkehr und kompensierten damit die aufgrund der Verkehrsverbindungen fehlende Transparenz der Märkte in der vorindustriellen Zeit.

Die Forschung der letzten Jahre konzentrierte sich dementsprechend auf das europäische Messenetz sowie auf die Funktionen der Messe im europäischen Zahlungsverkehr. Darüber hinaus wurden die Privilegienjubiläen für Frankfurt (1240 stellte der Kaiser die zur Messe Reisenden unter seinen Schutz) und Leipzig (1497 bestätigte der Kaiser die Leipziger Messetermine) zum Anlaß für Tagungen, Ausstellungen und Sammelbände genommen [138: R. KOCH (Hrsg.), Brücke zwischen den Völkern; 337: H. ZWAHR et al. (Hrsg.), Leipzigs Messen]. Ausgehend von der Kaufholdschen Definition werden die Grundelemente der Messen erstmals für das späte 12. Jahrhundert in der Champagne sichtbar. Sie fanden, wie die noch immer grundlegende Untersuchung von R.-H. BAUTIER [9: Les foires, 97–147] zeigt, an sechs festen Terminen im Jahr in den Städten Lagny, Bar-sur-Aube, Provins und Troyes statt und hatten die Aufgabe, die Kaufkraft verschiedener Regionen zu konzentrieren, so daß es sich lohnte, Waren aus der Ferne dort hinzubringen: Tuche aus Flandern und Brabant, Leder, insbesondere Ziegenleder, aus Südeuropa, Pelze aus dem Osten und schließlich Gewürze, wie Safran, Muskat, Pfeffer, Ingwer, Zimt, Anis und Zucker, die aus dem Mittelmeerraum oder aus Asien kamen. Wesentlich für die internationale Bedeutung der Champagne-Messen war nicht nur ihr Standort, sondern auch ihr rechtlicher Rahmen, der sicheres Geleit für An- und Abreise, ein einheitliches obrigkeitlich überwachtes Münz- und Gewichtssystem sowie eine effektive Messegerichtsbarkeit garantierten. Eine Errungenschaft war der bargeldlose Zahlungsverkehr. Da die Italiener aufgrund des Wertes der von ihnen angebotenen Luxusgüter immer Überschüsse im Handel mit dem Norden hatten, konnten sie diese den anderen Messebesuchern als Kredit zur Verfügung stellen.

Champagne-Messen

Am Ende der Warenmessse wurden die aufgelaufenen Verbindlichkeiten ausgeglichen oder auf die nächste Messe prolongiert. So machten
die Italiener die Champagne-Messen zu einem Finanzplatz mit festen
Zahlungsterminen. Für den Niedergang der Champagne-Messen im
14. Jahrhundert haben die Historiker [9: R.-H. BAUTIER, Les foires,
135–144; 302: H. THOMAS, Beiträge, 434–438] verschiedene Ursachen
ökonomischer und politischer Natur angeführt. Hierzu gehören die
Intensivierung des Seehandels vom Mittelmeer zur Nordsee, d. h. des
direkten Handels zwischen Italien, Flandern und England, die Ausweitung des deutsch-italienischen Handels auf der Alpenroute, der Aufbau
einer eigenen italienischen Tuchproduktion, aber auch die Annexion
der Champagne durch die französische Krone und die Ausbeutung der
Messen nach fiskalischen Gesichtspunkten. Meines Erachtens werden
dabei die grundlegenden Veränderungen des italienischen Handels zu
wenig berücksichtigt, die R. DE ROOVER mit der Bezeichnung „commercial revolution" treffend umschrieben hat [240: R. DE ROOVER,
Commercial Revolution, 34–39]. Diese fanden ihren sichtbaren Ausdruck in der permanenten Niederlassung der italienischen Kaufleute in
den Zentren der flandrischen Tuchproduktion, insbesondere in Brügge.
Faktoren der italienischen Firmen erwarben das Tuch bei den Produzenten oder flämischen Zwischenhändlern. Die Zeiten, in denen ein
reisender Messekaufmann flämisches Tuch auf den Champagne-Messen gekauft hatte, waren endgültig vorbei.

Eine andere Frage betrifft die Wiederbelebung des internationalen
Messehandels und die Entstehung der ersten Wechselmessen in Genf
im ausgehenden 14. Jahrhundert. Als Ursache wird die vom Hundertjährigen Krieg ausgehende Unsicherheit in vielen Gebieten Westeuropas und die damit einhergehende Bedrohung des Fernhandels genannt,
der nur unter dem Schutz einer Institution wie der Messe zumindest
partiell aufrechterhalten werden konnte. Schwerer wog vermutlich eine
zweite Ursache, die Knappheit an Edelmetallen und monetäre Kontrak-
tion im Spätmittelalter [49: J. DAY, Great Bullion Famine], die die Historiker bisher kaum im Zusammenhang mit den Messen wahrgenom-
men haben. Der Rückgang der Edelmetallförderung in Europa sowie
das Handelsdefizit und der Abfluß von Edelmetall in die Levante führten zu einem Mangel an Zahlungsmitteln und zu Engpässen an Kredi-
ten [197: M. NORTH, Das Geld, 38–44, 56–57]. Auf den Messen gelang
es dagegen den Kaufleuten, den Bedarf an Bargeld auf ein Minimum zu
reduzieren, indem sie Forderungen und Verbindlichkeiten bi- und multilateral verrechneten bzw. Kredite von Messe zu Messe einräumten.
Ort des Aufschwungs waren die von den Grafen von Savoyen privile-

Wiederbelebung des Messewesens – Genf

gierten Genfer Messen. Diese waren, wie J.-F. BERGIER [17: Les foires, 224–233, 269–278] gezeigt hat, nicht nur das Einfallstor für den italienischen Handel nach Frankreich und Oberdeutschland, sondern hier bildeten sich im Anschluß an die Warenmessen die ersten internationalen Wechselmessen heraus, auf denen die italienischen Kaufleute-Bankiers nicht nur Wechsel klärten, sondern auch Geldüberweisungen für die Kurie durchführten und lokale Kredite gewährten.

Aufstieg, Bedeutung und Niedergang der Messen

Aber auch die Genfer Messen erlebten ihren internationalen Niedergang, als sie 1465 von den Lyoner Messen abgelöst wurden, die ihrerseits in der zweiten Hälfte des 16. Jahrhunderts den Genueser Messen Platz machen mußten. In diesem Zusammenhang fragt man auch allgemein nach den Ursachen für den Aufstieg, die Bedeutung und den Niedergang von Messen. Am Beispiel der Wechselmessen haben jüngst die französischen Historiker und Ökonomen M.-T. BOYER-XAMBIEU, G. DELEPLACE und L. GILLARD auf die große Rolle hingewiesen, die das französische Königtum dabei spielte. Zur französischen Messepolitik gehörten einerseits Verbote (der Edelmetallausfuhr nach Genf oder des Messebesuchs durch Franzosen) andererseits die großzügige Privilegierung (ungehinderter Kapitalverkehr während der Messe). Entsprechend verließen die Italiener Genf und machten die Lyoner Wechselmessen zum Scharnier des Zahlungsverkehrs zwischen Süd- und Nordwesteuropa. Die Bedeutung dieser Messen beruhte sowohl auf der großen Zahl der hier geklärten Wechsel als auch auf der europäischen Reichweite dieses Clearing-Zentrums, dem die Brabanter und kastilischen Messen ebenso untergeordnet waren wie die italienischen Wechselplätze [29: M.-T. BOYER-XAMBIEU, G. DELEPLACE, L. GILLARD, Monnaie privée, 145–157, 173]. Es war aber wiederum die königliche Fiskalpolitik, die die Existenz der Lyoner Messen im 16. Jahrhundert gefährdete [74: R. GASCON, Grand Commerce, Bd. 2, 700–711]. Nicht nur verloren die Messen durch Erhöhung von Messezöllen und -abgaben an Attraktivität, sondern die Krone nahm die Messen auch als Kapitalmarkt zur Finanzierung ihrer militärischen Abenteuer in Anspruch. Die Umschuldung der Staatschulden im Grand Parti 1555 sowie die hoffnungslose Situation des französischen Staatshaushaltes schlugen über die französische Währung auf die Meßwährung durch. Die Gläubiger verloren Geld, da die gewährten Kredite bei Rückzahlung weniger wert waren als bei der Aufnahme.

Meßwährung

Vertrauen der Kaufleute(-Bankiers) konnte daher erst wieder gewonnen werden, als sich die Meßwährung von einer nationalen Währung löste. Dies war die Errungenschaft der Genueser Messen in Besançon und später (ab 1575) in Piacenza, deren Meßwährung der

scudo di marche oder écu de marc (ähnlich wie heute der Euro) auf den
Goldmünzen Antwerpens, Kastiliens, Florenz', Genuas, Neapels und
Venedigs basierte [69: G. FELLONI, Un système, 249–60; 70: DERS.,
Kredit, 21]. Die Genueser Bankiers perfektionierten das System der
Wechselmessen, aber sie pervertierten es zur selben Zeit, wie es
BOYER-XAMBEU, DELEPLACE und GILLARD [29: Monnaie privée, 295,
303–308] hervorheben. Denn seit dem ausgehenden 16. Jahrhundert
dienten die Aktivitäten der Genueser Bankiers fast ausschließlich der
Staatsfinanz, insbesondere der Finanzierung der spanischen Krone und
ihrer militärischen Unternehmungen mit Hilfe der sogenannten *asien-
tos*. Aufgrund der spanischen Staatsbankrotte 1575, 1596, 1606 war es
nur eine Frage der Zeit, bis sich die Genuesen aus diesem riskanten
Geschäft zurückzogen und sich auf den italienischen Kapitalmarkt konzentrierten. In diesem Zusammenhang hat J. SCHNEIDER [255: Indossament, 191–93] kürzlich die These aufgestellt, daß Neuerungen des Zahlungsverkehrs wie das Indossament ohnehin die internationalen Wechselmessen überflüssig gemacht hätten. Denn das Indossament, eine
Unterschrift auf der Rückseite des Wechsels, die eine am bisherigen
Wechselgeschäft noch nicht beteiligte Person zur Präsentation des
Wechsels ermächtigte, ermöglichte die Übertragbarkeit des Wechsels.
Da dieser so verkauft oder als Zahlungsmittel verwendet werden
konnte, entfiel das Clearing auf den Wechselmessen.

In das internationale Zahlungs- und Kreditsystem des 15. und Brabanter Messen
16. Jahrhunderts waren die Brabanter Messen von Bergen op Zoom
und Antwerpen integriert, wenn sich auch Antwerpen zu einer ganzjährigen Messe entwickelte, deren Dienstleistungen an der Börse zentralisiert wurden. Dagegen zeigen die neuen Untersuchungen von M.
DENZEL [52: La Practica, 324 f.] und N. BRÜBACH [33: Reichsmessen,
281–285], daß Frankfurt erst seit den 1540er Jahren allmählich und insbesondere durch die Immigrantenwellen der 1550er und 1570er Jahre
in das System des internationalen Zahlungssystems einbezogen wurde,
während Leipzig als Finanzplatz nur regionale Bedeutung besaß.

Abgesehen von der Frage nach der Integration Frankfurts in den Frankfurter Messe
internationalen Zahlungsverkehr konzentriert sich die üngere Forschung auf die Rolle der Frankfurter Messe im Spätmittelalter und die
Konkurrenz mit den Leipziger Messen. Dabei zeigen sowohl M.
STRAUBE [292: Funktion, 194] als auch N. BRÜBACH [33: Reichsmessen, 588], daß die noch von A. DIETZ [57: Frankfurter Handels-
geschichte] angenommene „schwere Zeit" des 15. Jahrhunderts nicht
der Realität entsprach. Im Gegenteil, entwickelten sich die zeitlich aufeinander abgestimmten Frankfurter und Brabanter Messen zu Zentren

des Großhandels. Entsprechend verloren die regionalen Tuchsorten, was DIETZ als Indikator des Niedergangs ansieht, relativ an Gewicht gegenüber flämischem, Brabanter oder englischem Tuch sowie oberdeutschem Barchent. Während Frankfurt so zur Drehscheibe des Großhandels mit England, Frankreich, den Niederlanden, Oberdeutschland und dem Norden und Osten des Alten Reiches wurde, übernahm Leipzig eine vergleichbare Funktion 400 km weiter östlich. Die Ursachen hierfür sieht STRAUBE [291: Zum überregionalen Warenverkehr; 292: DERS., Funktion, 197 f.] in der Expansion des West-Ost-Handels und der damit verbundenen Verlagerung der Absatzmärkte nach Osten, was die Präsenz west- und vor allem oberdeutscher Kaufleute nach sich zog. Zwischen 1470 und 1550 erwarben mindestens 73 oberdeutsche Kaufleute, darunter 34 Nürnberger, und 26 Westdeutsche, darunter 12 Kölner, das Leipziger Bürgerrecht.

Leipziger Messe   In welchem Maße Frankfurt und Leipzig miteinander konkurrierten und was den Aufstieg der Pleissestadt zum führenden Messeplatz begünstigte, darüber gehen die Meinungen der Historiker auseinander. Wesentlich war, zumindest für die Anfangsphase, die Rolle Leipzigs als Silberhandels- und Finanzplatz und damit als Einnahme- und Kreditquelle der kursächsischen Territiorialfinanz [249 U. SCHIRMER, Leipziger Messen]. Als Leipzig langfristig begünstigende Faktoren hebt N. BRÜBACH [33: Reichsmessen, 586–590] darüber hinaus die Unterstützung durch die sächsischen Kurfürsten heraus, die Belebung der gewerblichen Entwicklung sowie die Ausweitung des Osthandels. Dagegen mangelte es der Reichsstadt Frankfurt einerseits an kaiserlicher Unterstützung, während die Messe andererseits unter den vom Reich gegenüber Frankreich verhängten Handelsembargos litt. K. H. KAUFHOLD [125: Messen, 248–251] unterzieht diese und andere – insgesamt nicht neuen – Argumente einer kritischen Überprüfung und kommt zu folgenden Schlüssen: Die Förderung durch Kursachsen war weniger effektiv als angenommen, im Siebenjährigen Krieg wirkte sich die Zugehörigkeit zu Kursachsen durch die preußische Besetzung sogar negativ aus. Profitiert habe Leipzig sicher von seinem gewerbereichen Umland wie von seinem weiten Bezugs- und Absatzgebiet im Osten und Südosten. Die Einbeziehung Leipzigs über Hamburg in die „nordwesteuropäische Weltwirtschaft" und der Aufschwung des kontinentalen Handels auf dieser Route in der zweiten Hälfte des 18. Jahrhunderts müßten aber ebenfalls angeführt werden. Dennoch möchte K. H. KAUFHOLD mit J. FRIED [72: Frankfurter Messe, XXI ff.] davor warnen, „den Rangwechsel in einen Bedeutungsverlust Frankfurts umzudeuten", was angesichts des Frankfurter Privatbankwesens (siehe unten) oder seiner wichtigen kulturellen Rolle durchaus plausibel erscheint.

Deutlich weniger Aufmerksamkeit als Frankfurt und Leipzig haben seine Nebenmessen Naumburg, Frankfurt/Oder sowie die Messeneugründungen Braunschweig, Mainz und Breslau erfahren. Obwohl die Naumburger Messen den gleichen Faktoren ihren Aufschwung verdanken wie die Leipziger Messen und vor allem als Umschlagplätze für das erzgebirgische Silber sowie das in den Thüringer Saigerhütten erzeugte Silber und Kupfer dienten [249: U. SCHIRMER, Leipziger Messen], fehlt noch immer eine Geschichte der Naumburger Messen. Daneben wurde von Regional- und Hansehistorikern die Bedeutung dieser Messen als Umschlagzentren für Textilien aus den östlichen Produktionsgebieten (Sachsen, Oberlausitz, Schlesien) hervorgehoben [137: L. KNABE, Die Messen, 206 f.; 213: M.-L. PELUS, Wolter von Holsten, 321 f.]. Darüber hinaus hat jüngst K. H. KAUFHOLD [125: Messen, 253 f.], gestützt auf DEHNE, die Frankfurter Messen während der Regierungszeit Friedrichs II. als „Experimentierfeld kameralistischer Handelspolitik" behandelt und dabei deutlich festgestellt, daß die protektionistische Einführung von Transitzöllen sowie eines Meß-Akzise-Tarifs (1772), die den Absatz einheimischer Produkte in Preußen begünstigen sollte, die Handelsfreiheit und damit die Messen langfristig schädigte.

Ebenso im Sinne kameralistischer Politik erfolgte seit dem ausgehenden 17. Jahrhundert die Gründung neuer Messen. Den Anfang machte 1681 Braunschweig-Wolfenbüttel, das das kaiserliche Jahrmarktprivileg wiederbelebte und damit eine wichtige Regionalmesse in Nordwestdeutschland errichtete [2: P. ALBRECHT, Förderung, 370–375]. Der Verzicht auf Abgaben und Zölle während der Messen hat vermutlich zum Aufschwung der Braunschweiger Messe beigetragen, die als einzige erfolgreiche Messegründung gelten kann [33: N. BRÜBACH, Reichsmessen, 539]. Vor kurzem hat M. DENZEL [56: Braunschweiger Messen, 53–83] am Beispiel von Warenverkehr und Messebesuchern diesen Erfolg für das ausgehende 18. und beginnende 19. Jahrhundert bestätigt. Danach umfaßte das Einzugsgebiet der Messen nicht nur den nord- und mitteldeutschen Raum, sondern via Hamburg und Bremen auch Nordwesteuropa sowie über Leipzig auch Gebiete Ost- und Südeuropas. Bedeutsamer sind die Erkenntnisse, die DENZEL über die Erwartungen der Messebesucher und damit über die den Erfolg und Mißerfolg einer Messe bestimmenden Faktoren aus den Messeberichten gewinnt. Auswirkungen der Preisentwicklung, z. B. bei Kaffee, Tee oder Zucker während des Amerikanischen Unabhängigkeitskriegs, das

Kleinere Messeplätze

Neugründung von Messen

Fehlen auswärtiger Produkte oder die Furcht, bestimmte Produkte in der Region nicht absetzen zu können, spielten dabei ebenso eine Rolle wie die Verteuerung der Handelsgüter durch ansteigende Fuhrlöhne. Dies sind Faktoren, denen bereits H. WITTHÖFT [326: Lüneburger Spedition, 154 f.] großen Einfluß auf das Speditionsvolumen zugemessen hat.

Börsen   Unter dem Einfluß der Messeforschung ist in den letzten Jahren auch die Untersuchung der Börsen intensiviert worden. Dabei interessierte nicht so sehr die Entwicklung der Messen zu einem ganzjährigen Markt wie in Antwerpen und Amsterdam [256: J. SCHNEIDER, Messen, 143–146], sondern die Lösung bestimmter Funktionen der Messen, wie die des Zahlungsverkehrs und –ausgleichs, von den Meßterminen und deren Verlagerung an Börsen oder börsenähnliche Veranstaltungen. Die Funktion der Börse hat R. WALTER [313: Börse, 60 f.] kürzlich definiert und auch von den Messen abgegrenzt. Danach ist die Börse „eine Marktveranstaltung in vertretbaren (fungiblen), abwesenden Gütern bei zeitlicher (vorgeschriebene Börsenzeiten) und örtlicher Konzentration (räumlich klar begrenzter Treffpunkt)". Durch die Vertretbarkeit – der Handel ist abstrakt ohne Besichtigung der Güter möglich – unterscheidet sich die Börse von Messen und anderen Marktveranstaltungen. Zwar wurden bereits im Spätmittelalter Wechsel, Sorten, städtische Anleihen, aber auch z. B. in Frankfurt Kuxe gehandelt, dennoch haben wir gewöhnlich keine Hinweise, daß diese Marktveranstaltungen regelmäßig zu einem bestimmten Zeitpunkt unter genau definierten Regeln an einem bestimmten Ort stattfanden. Auch war die Fungibilität noch eingeschränkt, da Kreditpapiere nur durch Indossament oder Zession (Abtretung) übertragen werden konnten. Im 16. Jahrhundert intensivierte sich das Geschäft mit Kredit- und Zinspapieren (Obligationen), die jetzt an den Kapitalmärkten wie der Antwerpener Börse gehandelt wurden. Die Emission von Aktien der niederländischen Handelskompanien führte dann im 17. Jahrhundert der Amsterdamer Börse Dividenden- oder Beteiligungspapiere zu, die sich bald eines schwunghaften Umsatzes erfreuten. Die Rolle der deutschen Börsen hat dagegen lange Zeit wenig Aufmerksamkeit erfahren. In jüngster Zeit hat aber K. H. KAUFHOLD [123: Der Übergang] in der „Deutschen Börsengeschichte" einen ersten Überblick vorgelegt.

Börsenwesen und   KAUFHOLD stellt die Entwicklung der Börsen in den Zusammenwirtschaftliche   hang von wirtschaftlicher Expansion und frühmoderner Staatsbildung
Expansion   und verweist auf die damit einhergehende Versachlichung und Mobilisierung der Forderungsrechte. Dabei nahm die Börse als Vermarktungsort der Forderungen einen zentralen Platz ein. Anders als in den Niederlanden setzte sich die Mobilisierung der Forderungen in Deutschland

erst im 18. Jahrhundert durch, so daß sich Banken und Wechselhandlungen auf das Effektengeschäft spezialisierten. In seiner Übersicht über die Börsenplätze unterscheidet KAUFHOLD [123: Übergang, 86–90] A) „Börsenplätze mit überregional wichtigem Wechselverkehr und Handel mit Staatspapieren in großem Umfange", wozu nur Frankfurt zu rechnen ist; B) „Börsenplätze mit überregional wichtigem Wechselverkehr, an denen der Handel mit Staatspapieren jedoch erst spät oder gar nicht einsetzte". Dies trifft allein für Augsburg zu, während Hamburg und Leipzig, wo Staatspapiere nicht gehandelt wurden, nur mit Vorbehalten in diese Kategorie einzuordnen sind. C) „Börsenplätze, bei denen der Handel mit Staatspapieren im Vordergrund stand und der Wechselverkehr kein oder nur geringes Gewicht hatte". Hier ist vor allem Wien zu nennen, dessen Börse 1771 für den Handel mit Staatspapieren gegründet wurde, wogegen die Berliner Börse bereits in den 1750er Jahren zum Handel mit Aktien und Staatspapieren übergegangen war. D) „Börsenplätze mit Wechselhandel, der überwiegend regionale Bedeutung hatte und an denen das Geschäft mit Staatspapieren wenig oder gar nicht vertreten war". Hierzu gehörten die hansischen Börsen Bremen, Lübeck, Kolberg, Danzig und Königsberg, bei denen das Warengeschäft überwog, ebenso die Börsenplätze Hannover und Breslau sowie die Wechselplätze Köln und Nürnberg. Die genannten Plätze werden dann ausführlich unter den Stichworten „Entstehung und Entwicklung", „Organisation der Börse und Maklerwesen", „Wechselgeschäft" und „Effektengeschäft" behandelt. Deutlich wird aus dieser Übersicht, daß, vom Warenhandel abgesehen, das Wechselgeschäft unter den Börsengeschäften dominierte. Der Effektenhandel setzte sich erst im letzten Viertel des 18. Jahrhunderts insbesondere als Folge des Siebenjährigen Krieges durch. Hierbei ist die Entpersonalisierung des öffentlichen Kredits, wie er noch von den jüdischen Hoffaktoren verkörpert worden war, hervorzuheben, obwohl einige Hoffaktoren mit Hilfe des börsenmäßigen Effektengeschäftes den Übergang zum Privatbankiergeschäft vollziehen (vgl. unten). Forschungsdesiderate sind noch immer die Organisation der Börsen, das Maklerwesen sowie die Preisbildung an der Börse. Hier können nur Einzelstudien, wie sie J. SCHNEIDER [260: Zur Bedeutung, 245–256] am Beispiel der Hamburger Börse vorschlägt, weiterhelfen. So bieten beispielsweise die Kurszettel ebenso wie der Preis-Courant der Hamburger Börse Erkenntnisse über die Güter des Welthandels (Wie schnell kamen neue Waren auf den Hamburger Markt?). Es ist daher sehr zu begrüßen, daß inzwischen eine erste Edition der wichtigsten Reihen des Preis-Courants vorliegt [76: H.-J. GERHARD, K. H. KAUFHOLD, Preise]. Auf dieser Quellengrundlage wird es möglich sein, im Vergleich mit den Börsen Amsterdams und Londons, die Integration der wichtigsten europäischen Waren- und Wechselmärkte zu rekonstruieren.

5. Kaufleute und Manufakturunternehmer

Die Erforschung der Kaufleute konzentriert sich seit einigen Jahren neben der Rekonstruktion der unternehmerischen Tätigkeit vor allem auf ihre gesellschaftliche Rolle. Dabei entstanden zahlreiche Dissertationen über die Kaufmannschaft in den verschiedenen Städten. Zudem interessierten sich die Historiker für die Kombination von kaufmännischer und gewerblicher Tätigkeit. In jüngster Zeit werden außerdem die Wahrnehmung kaufmännischer Tätigkeit bzw. der Wandel des Kaufmannsbildes behandelt.

Insbesondere die Erforschung der Augsburger Handelshäuser erhält durch die sozial- und kulturhistorische Perspektive neue Impulse. Ein Ansatz ist das von W. REINHARD [235: Augsburger Eliten] konzipierte Eliten-Projekt, das die politische Elite und ihre „Vernetzung" in der Reichsstadt Augsburg rekonstruiert. Zur Elite gerechnet werden die Inhaber der höchsten städtischen Ämter sowie die Angehörigen der ständischen Gruppen des Patriziats, der „Mehrer" und der Kaufleutestube sowie die Mitglieder der Kaufleutezunft. Dieser gehörten gut zwei Drittel der zwischen 1500 und 1620 erfaßten 1545 Personen an. Leider wird kein Versuch unternommen, das gesammelte biographische Datenmaterial aufzubereiten oder gar auszuwerten. Ein Bruchteil findet immerhin in der Fallstudie M. HÄBERLEINS [94: Brüder, Freunde] Verwendung, der am Beispiel des Bankrotts der Kaufmannsfamilie Weyer Normen und soziale Beziehungen im Augsburg des 16. Jahrhunderts untersucht und eine überraschend große Bedeutung verwandtschaftlicher und ökonomischer Beziehungen für die Augsburger Elite herausgearbeitet hat. Gleichsam nebenbei relativiert er die seit J. STRIEDER [294: Der Zusammenbruch] angenommenen Folgen der Bankrottwelle großer und berühmter Handelshäuser für die Augsburger Wirtschaft. HÄBERLEIN [93: „Die Tag und Nacht"] verdanken wir auch eine Studie über die Beurteilung der Augsburger Kaufleute in der zeitgenössischen Chronistik. Hieraus wird deutlich, daß selbst Augsburger Kaufleute wie der ehemalige Welser-Faktor Lucas Rem und sein Verwandter Wilhelm Rem die Praktiken („Wucher, Fürkauf") der großen Handelsgesellschaften und den Aufstieg ihrer Gesellschafter mißtrauisch beäugten. Denn Aufsteiger, die in kurzer Zeit große Vermögen angehäuft hatten, verstießen gegen das gesellschaftliche Ordnungsmodell des ‚Gemeinen Nutzens'. Es war dies auch die Sicht, wie sie von der reformierten Theologie, der Mehrheit auf den Reichstagen und in der Literatur artikuliert wurde. Hierauf haben in jüngster Zeit J. BURKHARDT [36: Entdeckung des Handels, 8–12], B. MERTENS [169: Kampf gegen die Monopole] sowie M. NORTH [208: Das Bild des Kaufmanns] aufmerksam gemacht. Nach der Selbst- und Außenwahrnehmung der Augsburger Kaufleute fragen auch weitere Beiträge des von J. BURKHARDT herausgegebenen Sammelbandes [37: Augsburger Handelshäuser]. So zeigt ein Vergleich der innerstädtischen Chronistik und der Reiseliteratur durch W. WÜST [330: Das Bild der Fugger] eine negativkritische Bewertung der Fugger, während diese von den auswärtigen Reisenden positiv gegenüber allen anderen Kaufmannsfamilien hervorgehoben werden. Hier überlagerten die Beziehungen zu Kaisern und Fürsten deutlich die internen Ressentiments gegenüber den Aufsteigern nichtpatrizischer Herkunft. Vielleicht wirkte auch die Selbstrepräsentation der Fugger, das suggeriert zumindest der Beitrag von D. KOUTNA-KARG [141: Die Ehre der Fugger], nach außen stärker als innerhalb der Reichsstadt. Dabei spiegelt sich in dem Repräsentationsaufwand die Zwitterstellung der Fugger zwischen Stadtpatriziat und Reichsfürstentum wider. Entsprechend lohnt es sich, mit M. NORTH [206: Kunst und bürgerliche Repräsentation] oder W. KUHOFF [147: Augsburger Handelshäuser] nach der Funktion von Kunst und Kultur im stadtbürgerlichen Selbstverständnis zu fragen.

Neben den Handelsherren werden in jüngster Zeit auch die Handelsdiener beachtet. Ihre Stunde, nämlich die „Geburtsstunde des kaufmännischen Angestellten" schlug nach R. HILDEBRANDT [106: Diener und Herren; 107: DERS., Unternehmensstrukturen] um die Mitte des 16. Jahrhunderts, als der zunehmende Personalbedarf des „multinationalen" Handels die Gesellschaft gleichberechtigter Kapitalgeber zu einer organisatorischen Differenzierung (Hauptbuchhalter, Faktoren, Buchhalter, Kassierer, Schreiber, Kopisten) sowie zu einer Konzentration innerhalb des Teilhaberkreises zwang. An die Stelle einer Gemeinschaft von prinzipiell gleichberechtigten Gesellschaftern trat die hierarchisch strukturierte Firma, an deren Spitze sich ein Regierer als „Alleinvorstand" befand. Aus der Funktionsgruppe der Handelsdiener entstand die Berufsgruppe der Angestellten, die im Laufe der Zeit nicht mehr am Gewinn der Firma beteiligt war, sondern einheitlich besoldet wurde. HILDEBRANDT hat die Karrieren von 514 Handelsdienern oberdeutscher Firmen zwischen 1500 und 1650 verfolgt. Dabei zeigt sich,

Handelsdiener

daß in der zweiten Hälfte des 16. Jahrhunderts immer weniger Handelsdiener aus Kaufmannsfamilien und immer mehr aus Handwerker-
häusern stammten, einem Teil der Berufsgruppe der Wechsel in eine
fürstliche Verwaltung, der Mehrheit aber der soziale Aufstieg aus der
Gemeinde in die nächst höhere ständische Gruppe der Kaufleutestube
gelang. Der Handelsdienerberuf stellte also einen Kanal für begrenzte
vertikale, vor allem aber für horizontale Mobilität in der ständischen
Gesellschaft dar. Daß dies von den Zeitgenossen eher erkannt wurde als
von den Historikern, verdeutlichen die von HILDEBRANDT genannten
Beispiele, aber auch die Geschichte der Familie des Fugger-Faktors
Hörmann [245: TH. M. SAFLEY, Die Fuggerfaktoren]. Georg Hörmann,
Faktor der Fugger in Tirol, war 1528 geadelt worden. Trotz des damit
verbundenen Familiengutes zu Gutenberg und der Zugehörigkeit zum
Kaufbeurer Patriziat mußten auch die nächsten Generationen ihren Le-
bensunterhalt im Handel suchen. Die meisten erhielten dementsprechend eine kaufmännische Ausbildung, und viele wirkten als Handelsdiener in Augsburg. „Sie gehörten im engeren Sinn keinem der damals
vorgestellten Stände an, doch bildeten sie mit vielen anderen gleichran-
gigen Familien aus Stadt und Land eine Gruppe, die sich Kennzeichen
des Adels und der ‚Gemeinde' zu eigen machte und die sich so gut wie
reibungslos zwischen beiden bewegte" [245: TH. M. SAFLEY, 129].

Kaufmannschaft
und gesellschaft-
liche Mobilität

Die Regeln der ständischen Sozialordnung wurden zwar erkannt
und geachtet, aber im alltäglichen Verhalten auch durchbrochen. Die
gesamte frühneuzeitliche Handelsgeschichte ist eine Geschichte der
Mobilität, wobei Einwanderung aus einer fremden Stadt oder Region,
Niederlassung und allmählicher Aufstieg in der kaufmännischen Welt
und in der sozialen Hierarchie, die Übernahme politischer Ämter sowie
der Rückzug aus der Handelstätigkeit, der sogenannte Buddenbrook-
Effekt, eine Rolle spielten, von Kaufmann zu Kaufmann, Stadt zu
Stadt, Region zu Region aber verschiedene Formen annahmen. Diskutiert werden diese Fragen in den Monographien zur Kaufmannschaft in
Bremen, Hamburg und Lübeck, die in den 1960er, 70er und 80er Jahren
entstanden und sich durch eine gewisse Einheitlichkeit der Fragestel-
lung auszeichnen, obwohl die Überlieferungssituation wie der Unter-
suchungsstand durchaus unterschiedlich sind. Während M. REISSMANN
[237: Die hamburgische Kaufmannschaft] versucht, seine Aussagen
statistisch zu untermauern und dies auch R. PRANGE [229: Die bremische Kaufmannschaft] zumindest ansatzweise gelingt, bleibt die jüng-
ste Arbeit von C. MEYER-STOLL [171: Die lübeckische Kaufmann-
schaft] oft nur kursorisch. Untersucht wurden von allen Autoren die
kaufmännische Zu- und Abwanderung, die Integration der Zuwanderer,

die berufliche Entwicklung der Kaufmannsfamilien sowie die soziale Gliederung der Kaufmannschaft.

Da die niederländische und portugiesische Einwanderung nach Hamburg bereits von H. KELLENBENZ [127: Sephardim, 25ff; 126: Unternehmerkräfte, 236 f.] untersucht wurde und ohnehin aus den Bürgerbüchern nur fragmentarisch zu erschließen ist, konzentriert sich M. REISSMANN [237: Die hamburgische Kaufmannschaft, 216–226] auf die Zuwanderer deutscher Herkunft. Sie rekrutierten sich meist aus Niedersachsen, Schleswig-Holstein, Mecklenburg, Pommern und Westfalen, während Mittel- und Süddeutschland weniger Zuwanderer abgaben. Was die soziale Herkunft der Zuwanderer betrifft, so stammten Niederländer und Portugiesen aus der Kaufmannschaft der großen Handelsstädte, während bei den Deutschen das Honoratiorentum, aber auch die Handwerkerschaft der mittleren und kleineren Städte die Rekrutierungsbasis bildeten. In Bremen standen Niedersachsen, Westfalen, der Niederrhein und Hessen als Heimatländer der Zuwanderer an der Spitze, wobei auch das Honoratiorentum der kleineren Städte seine Söhne nach Bremen abgab [229: R. PRANGE, Die bremische Kaufmannschaft, 58–68]. Dagegen gibt C. MEYER-STOLL [171: Die lübeckische Kaufmannschaft, 126–132] Schleswig-Holstein, Hamburg, Niedersachsen, Westfalen als Zuwanderregionen an, ohne dafür Zahlen zu liefern. Die meisten Zuwanderer in Hamburg wie in Bremen hatten als Lehrling oder Handelsdiener ihre berufliche Karriere begonnen, wobei sie sich oft erst nach rund zehn Jahren wirtschaftlich selbständig machten. Bedingt durch den regelmäßigen Zuzugsbedarf von außen gelangen die Integration – oft durch das Konnubium mit Töchtern von Berufsgenossen – in die städtische Gesellschaft sowie die Aufnahme in die kaufmännischen Genossenschaften und selbst der Aufstieg in den Rat und andere städtische Ämter in verhältnismäßig kurzer Zeit. Selbst die Oberschichten mit der höchsten Hamburger Steuerklasse rekonstruierten sich 1645 bereits zur Hälfte aus früheren Zuwanderern.

Wesentliche Probleme der hansischen Kaufmannsforschung stellen darüber hinaus die berufsspezifische Entwicklung der Kaufmannschaft sowie die Frage nach einem Patriziat dar. Dabei kann M. REISSMANN [237: Die hamburgische Kaufmannschaft, 255–276] sowohl bei den Zuwanderern als auch bei den einheimischen „Umsattlern" einen innerhalb von zwei Generationen stattfindenden Übergang vom gewerblichen zum kaufmännischen Beruf nachweisen. Was den beruflichen Werdegang der Nachkommen Hamburger Kaufleute betrifft, so ist sowohl bei der Berufswahl der Söhne als auch bei der Auswahl der Schwiegersöhne eine erstaunliche Kontinuität festzustellen. Daneben

Kaufmannsprofile im norddeutschen Raum

fand auch der Übergang in akademische Berufe statt, wobei die juristische Ausbildung die Hauptrolle spielte. Eine endgültige Abkehr vom kaufmännischen Beruf oder ein schneller Wandel des Kaufmannstandes trifft für Hamburg nicht zu. Hier ist vielmehr in Akademikerfamilien oftmals eine Rückwendung zur Kaufmannstätigkeit zu konstatieren, so daß in den lange bestehenden Familien sich eine kaufmännische Berufskontinuität von sechs und mehr Generationen ergibt (sowohl in direkter Vater-Sohn-Folge als auch durch Juristen unterbrochen). In Bremen dagegen blieben nur wenige Familien des 16. und 17. Jahrhunderts rein kaufmännisch, während die Mehrzahl teilweise oder sogar vollständig in akademische Berufe überging [229: R. PRANGE, Die bremische Kaufmannschaft, 81–97]. Dieser Zug in die akademischen Berufe, den PRANGE für eine „Massenerscheinung" hält, ist nicht nur bei den angesehenen Kaufmanns- und Ratsfamilien, sondern sogar bei den Krämern festzustellen. Für Lübeck rekonstruiert C. MEYER-STOLL [171: Die lübeckische Kaufmannschaft, 137–155] ein ähnliches Bild. Neben einer kleinen Gruppe, die bis in die vierte Generation den Kaufmannsberuf bewahrte, überwiegen die Familien, in denen – oft bereits in der zweiten Generation – der Übergang in akademische Berufe erfolgte.

Patriziat   In diesem Zusammenhang wird seit neuestem auch wieder die Frage diskutiert: Gab es ein Patriziat? M. REISSMANN [237: Die hamburgische Kaufmannschaft, 322–330] hat diese Frage für Hamburg eindeutig negativ beantwortet, da der hamburgischen Oberschicht die Merkmale eines Patriziats wie ein alleiniger Anspruch bei der Besetzung der Ratsstühle, ein exklusives Konnubium sowie die Aufgabe der kaufmännischen Tätigkeit und die Hinwendung zum adligen Lebensstil fehlten. Daher sollte man eher von einer Honoratiorengesellschaft sprechen, in der „auch innerhalb der Oberschicht ein ununterbrochenes Kommen und Gehen" festzustellen ist [237: M. REISSMANN, 326]. Auch R. PRANGE [229: Die bremische Kaufmannschaft, 108–121], die für das 17. Jahrhundert eine sozial homogene kaufmännisch-akademische Oberschicht rekonstruieren kann, verneint die Frage des Patriziats. Trotz des durch Heiraten und Verschwägerungen bedingten engen Zusammenhangs zwischen den wirtschaftlich und politisch führenden Geschlechtern wurden seit dem 16. Jahrhundert immer wieder Außenstehende in diesen Kreis aufgenommen, eine Folge der elastischen ständischen Ordnung, die dem für die Stadt lebensnotwendigen Zuwandererbedarf Rechnung trug. Am intensivsten wird die Frage des Patriziats für Lübeck diskutiert. Hier hatte bereits A. VON BRANDT [31: Knochenhaueraufstände, 126–147] in der Auseinandersetzung mit der älteren Literatur festgestellt, daß es im spätmittelalterlichen Lübeck nicht

Eliten in den
Hansestädten

zu einer patrizischen Abschließung des Rats gekommen sei. K. WRIEDT [329: Zum Profil, 44] bestätigt grundsätzlich BRANDT, fragt aber, ob man den Begriff „Patriziat" nicht zur Umschreibung der Lübecker Führungsschicht beibehalten solle. Diesem Vorschlag ist dann eher unbewußt A. F. COWAN [43: The Urban Patriciate, 4] in seiner Vergleichsstudie über Lübeck und Venedig gefolgt und hat damit mehr Verwirrung als Klarheit gestiftet: „... the urban patriciate may be characterized as a group of families, which had the greatest social, political and economic power as an inheritance from one generation to the next", zumal COWAN diese Gruppe noch in ein inneres und ein äußeres Patriziat unterteilt. Legen wir aber mit C. MEYER-STOLL [171: Die lübeckische Kaufmannschaft, 202–211] die Reissmannschen Patriziatskriterien zugrunde, dann gab es in Lübeck ebensowenig wie in Hamburg und Bremen ein abgeschlossenes Patriziat. Dennoch bemerkt auch MEYER-STOLL, daß der Abschließungsprozeß in einem Teil der Lübecker Ratsfamilien weiter vorangeschritten war als in seinen hansischen Nachbarstädten. So finden sich in der 1580 wiedergegründeten Zirkelgesellschaft fünf bis sechs Familien, die durch den Rückzug aus dem Handel und durch die Investition in Grundbesitz ihren Lebensstil dem des Adels annäherten und denen 1641 ihr Adel bestätigt wurde, und auch die Zahl der nobilitierten Lübecker war aufgrund der engen Beziehungen zu Kaiser und Reich höher als in Bremen und Hamburg. Dennoch spricht nach MEYER-STOLL die Tatsache, daß ein Drittel der Ratssitze von Zugewanderten eingenommen wurde, gegen ein die Stadtpolitik beherrschendes Patriziat. Wenn man aber nach den politischen Entscheidungsträgern fragt, dann rekrutierten sich diese aus den fünf bis sechs alten Ratsfamilien, was eine patrizische Dominanz nahelegt.

Für das 18. Jahrhundert fehlen vergleichbare sozialhistorische Studien über die Kaufmannschaft der Hansestädte, so daß die Einflüsse der Belebung des internationalen Handels auf die Gesellschaft nur erraten werden können. Für die meisten anderen Regionen ist selbst das 17. Jahrhundert ein Desiderat. Während für Königsberg eine Studie vorliegt, in der G. GLINSKI [86: Die Königsberger Kaufmannschaft] die relative Offenheit des Königsberger Kaufmannsstandes darlegt und diese u.a. auf die durch den Landesherrn privilegierte Zuwanderung von Niederländern, Engländern und Schotten zurückführt, fehlt in den Arbeiten von G. S. GRAMULLA [90: Handelsbeziehungen] und W. FELDENKIRCHEN [68: Der Handel] zum Kölner Patriziat die sozialhistorische Perspektive weitgehend.

Für Nürnberg bringt die materialreiche Arbeit von L. F. PETERS [214: Der Handel Nürnbergs] immerhin einige sozialhistorische Er- Nürnberg kenntnisse. Sie gründen sich auf die Biographien der 20 umsatzstärksten Nürnberger Unternehmer, die PETERS auf der Grundlage der Transaktionen des Banco Publico rekonstruiert hat. Er widerlegt damit die auch in Nürnberg gepflegte Legende, daß der wirtschaftliche Niedergang der Stadt mit dem Ausscheiden der Patrizier als tragender Unternehmensschicht zu erklären sei. Einerseits habe die Währungs-, Zoll- und Ansiedlungspolitik des patrizischen Rates durchaus auf die Stärkung des Wirtschaftsstandorts Nürnberg gezielt, andererseits betrug der Anteil patrizischer Firmen wie der Imhof und der Tucher ohnehin nur 5% des Handelsvolumens, so daß für Dynamik und Niedergang ohnehin die übrigen bürgerlichen (nichtgerichts- und nichtratsfähigen) Familien verantwortlich gemacht werden müßten [214: L. F. PETERS, 53, 583]. Aufschlußreich ist in diesem Zusammenhang auch die Fallstudie von G. SEIBOLD [275: Die Viatis] über die Handelsgesellschaft der Viatis und Peller. SEIBOLD verfolgt dabei die Geschichte der Firma von der Niederlassung des Venezianers Bartholomäus Viatis 1550 in Nürnberg bis zu ihrer Auflösung im Jahre 1729. Obwohl SEIBOLD einige Klischees zum Niedergang des Nürnberger Handels bedient, werden aus seiner Studie neben den weitgespannten Handelsaktivitäten auch der vermehrte Übergang der Viatis und Peller als Juristen in städtische Dienste, der Erwerb von Landgütern und das ständige Streben zur Erlangung von Gerichtsfähigkeit und Ratsfähigkeit thematisiert. 1730 wurde beiden Familien die Gerichtsfähigkeit verliehen und damit der Standesunterschied zu den patrizischen Ratsfamilien verringert, aber nicht eingeebnet.

Augsburger Unternehmen   Auch in Augsburg wurde lange Zeit das Bild von der kaufmännischen Dekadenz gepflegt. Reiseschriftsteller verglichen die Handelsunternehmen des 18. Jahrhundert mit den Fuggern und Welsern, und die Historiker folgten ihnen. Erst W. ZORN hat in seiner Habilitationsschrift [335: Handels- und Industriegeschichte] die schwäbischen Unternehmer dieser Zeit wiederentdeckt. Seitdem hat der Leinwandhändler und Manufakturunternehmer Johann Heinrich Schüle als „Kattunkönig" auch Eingang in die allgemeine Geschichtswissenschaft gefunden [318: H.-U. WEHLER, Deutsche Gesellschaftsgeschichte, 119], wogegen dessen Bankiers, die Gebrüder von Obwexer, trotz ihrer weltweiten Beziehungen historiographisch im Schatten Schüles blieben. Auf die gemeinsamen Karrieremuster, aber unterschiedliche Selbstverständnisse hat vor kurzem M. SCHMÖLZ-HÄBERLEIN [253: „Voll Feuerdrang"] aufmerksam gemacht. Während der aus Künzelsau stammende protestantische Leinwandhandelsbedienstete Schüle in eine Kaufmannsfamilie einheiratete und seine Nachkommen mit alteingesessenen Familien Eheverbindungen eingingen, heiratete die Südtiroler Familie der Obwexer in ihrem eigenen katholischen bzw. italienischen Umfeld. Sie blieben in der ständischen Gesellschaft und in traditionellen Geschäftsbahnen (Handel, Münzprägung, Kredit- und Wechselgeschäft) verhaftet, erwarben Landbesitz und wurden geadelt. Dagegen verstand sich Schüle als Vertreter eines neuen bürgerlichen Unternehmertypus, der sich in ständigem Konflikt mit der Weberzunft und dem Stadtrat befand, und sicherte sich damit einen Platz in der aufklärerischen Reiseliteratur wie in der Historiographie.

Nicht ganz so glanzvoll wie der Aufstieg des Unternehmers Schüle erscheinen die Karrieren in der Münchener Kaufmannschaft. Dennoch kann M. EDLIN-THIEME [61: Studien zur Geschichte] zeigen, daß sich zahlreiche aus Italien und Süddeutschland eingewanderte Kaufleute in München solide Existenzen aufbauten und zu Rats-, Zunft- und königlichen Ämtern gelangten. Darüber hinaus traten im 18. Jahrhundert zunehmend Kaufleutekonsortien als Manufakturunternehmer auf, indem sie die Tabak- sowie die Gold- und Silberbortenmanufaktur übernahmen und damit die Privatisierung der staatlichen Manufakturen beförderten [61: M. EDLIN-THIEME, Studien zur Geschichte, 80 f.].

Eine systematische Studie über Kaufleute als Manufakturunternehmer hat aber erst R. STRAUBEL [293: Kaufleute] für Berlin, Magdeburg sowie für kurmärkische und westelbische Mittelstädte vorgelegt, wobei er für Berlin auf der Arbeit von H. RACHEL und P. WALLICH [232: Berliner Großkaufleute] fußen konnte. Neu bei STRAUBEL ist, daß er die drei Berliner Textilgewerbe Seiden-, Baumwoll- und Wollweberei bzw. -verarbeitung untersucht und die sozialen Träger dieser Gewerbe rekonstruiert. Dabei zeigt er, daß in der Baumwoll- und Wollweberei sowie im Kattundruck die Manufakturunternehmer aus dem Handwerk kamen, während allein das Berliner Seidengewerbe von Kaufleuten beherrscht war. R. STRAUBEL [293: Kaufleute, 98–108] erklärt diese Tatsache damit, daß in diesem Sektor neben Finanzmitteln und produktionstechnischen Erfahrungen vor allem gute Marktkenntnisse gefragt waren. Der Rohstoffeinkauf in Frankreich oder Italien, die Verarbeitung der Rohseide und der Vertrieb der Seidenwaren in Preußen und zunehmend auch in Osteuropa lagen in der Hand eines Manufakturunternehmers. Das hierzu benötigte Betriebskapital war daher nur selten von Handwerkern aufzubringen. Hinzu kam der ständige Anpassungszwang an Modetrends und die dafür notwendige Marktbeobachtung, die dem Kaufmann besser lag als dem Handwerker. Noch immer spielten daher ,Franzosen' in der Seidenfabrikation eine wichtige Rolle, die

Münchener Kaufmannschaft

Manufakturunternehmer

als Kaufmannsdynastien sowohl über das notwendige Kapital verfügten als auch durch die Beziehungen zu Frankreich direkt über die Entwicklung auf den Beschaffungsmärkten sowie über die aktuellen
Trends der Mode informiert waren. Marktkenntnisse und großes Eigenkapital zählten auch in den Magdeburger Manufakturen, deren Bild
durch die Band- und Strumpfproduktion sowie die Tabak- und Zicho-
rienverarbeitung geprägt wurde. Anders als in Berlin betrieben daher
Kaufleute die Mehrheit der Manufakturen [293: R. STRAUBEL, Kaufleute, 151–162].

Typologie des
Unternehmers

Interessant ist R. STRAUBELs [293: Kaufleute, 229–236] Versuch,
eine Typologie der Unternehmer zu entwerfen. Hierbei unterscheidet er
zwischen dem Handwerker-Unternehmer, dem Kaufmann-Unternehmer sowie dem (Groß-)Kaufmann und Bankier. Die idealtypische Karriere des Kaufmann-Unternehmers soll hier kurz skizziert werden, weil
sie auch ein Vergleichsmodell für künftige Untersuchungen in anderen
Gebieten darstellt und vermutlich auch auf andere Städte übertragen
werden könnte: Die Handelstätigkeit erlernte der Kaufmann-Unternehmer in der väterlichen Firma, bei einem anderen Gildemitglied oder
einem Geschäftspartner in einer anderen Stadt. Nach der Lehre ging er
als Handelsdiener in entferntere Orte, z. B. nach Leipzig, Hamburg,
Altona, Braunschweig, Amsterdam oder Bordeaux (Handwerker-
Unternehmer-Söhne wechselten in Manufakturstädte). Hier bot die
Tätigkeit als Buchhalter, Disponent oder sogar als Teilhaber einer
Firma die Möglichkeit zum Ansparen von Finanzmitteln, mit denen
eine eigene Handlung gegründet werden konnte. Erst einige Zeit danach, wenn weiteres Kapital angesammelt war und Handelsbeziehungen existierten, die für einen späteren Warenvertrieb zu nutzen waren,
erfolgte der Einstieg in die gewerbliche Produktion.

Daß der Kaufmann-Unternehmer aber nicht das ausschließliche
Modell für kaufmännische Manufakturgründungen darstellt, zeigt eine
andere Region der preußischen Monarchie. So hat A. FLÜGEL [71:
Kaufleute und Manufakturen, 271] für Bielefeld bemerkt, daß hier der
„Übergang einzelner Kaufleute zum Typus des unternehmerischen Kapitalisten bis zur Mitte des 19. Jahrhunderts" erwartungswidrig fehlte.
In Bielefeld hatte 1767 unter Druck der preußischen Verwaltung, die
den Leinenabsatz nach dem Siebenjährigen Krieg ankurbeln wollte, die
Korporation der Kaufmannschaft die „Alte Holländische Bleiche" gegründet und durch einen angestellten Bleichmeister leiten lassen. Nachdem sich die Bleichanstalt als nützlich erwiesen hatte, schlossen die
Leinenhändler durch die Gründung einer Interessengemeinschaft von
28 Leinwandkaufleuten die ebenfalls der Zunft angehörenden ein-

fachen Kaufleute und Krämer von der Leitung aus und monopolisierten den Einfluß auf den gewerblichen Bleichbetrieb. Wesentliches Ziel waren die Verbesserung der Produktqualität und die Behauptung der Märkte im überregionalen Handel. Da das Modell vergleichsweise erfolgreich war, machte man von der kollektiven Manufakturgründung erneut bei der Seifensiederei (1782) und der Neuen Holländischen Bleiche (1792) Gebrauch. Die künftige Forschung, auch auf dem Gebiet der Gewerbegeschichte, wird daher außer auf das Nebeneinander der verschiedenen gewerblichen Organisationsformen [122: K. H. KAUFHOLD, Gewerbelandschaften, 179–181] auch auf die verschiedenen Übergangsformen von kaufmännischer zu gewerblicher Tätigkeit zu achten haben.

6. Geldumlauf, Währungssysteme und Zahlungsverkehr

Die Erforschung der europäischen Geldgeschichte hat seit den 1970er Jahren Konjunktur. Damals entdeckten westeuropäische Wirtschaftshistoriker das Gebiet der Geldgeschichte neu, das bis dahin eine Domäne der Numismatik gewesen war. Seither stand nicht mehr die einzelne Münze, sondern die Bedeutung des Geldes in Wirtschaft und Gesellschaft im Mittelpunkt des Interesses. Die Anregungen für eine derartige Betrachtung gingen dabei von H. VAN DER WEE und E. AERTS [316: Leuven Coin Find], J. H. MUNRO [179: Bullion Flows and Monetary Policies; 178: DERS., Wool, Cloth and Gold], sowie P. SPUFFORD [284: Monetary Problems; 285: DERS., Money] aus, die mit den seit dem Spätmittelalter nahezu lückenlos überlieferten Abrechnungen der Münzstätten der Burgundischen und Habsburgischen Niederlande über eine einmalige geldgeschichtliche Quelle verfügten. Alle Autoren stellten die Bedeutung von Münzprägung und Münzpolitik für Politik, Wirtschaft und Gesellschaft im spätmittelalterlichen und frühneuzeitlichen Europa heraus. Ähnliche Erkenntnisse hatten bereits früher E. J. HAMILTON [96: American Treasure] für Spanien, und unter dem Einfluß der Annales-Schule C. CIPOLLA [42: Le avventure] für Italien und F. C. SPOONER [280: International Economy] für Frankreich gewonnen, ohne daß dies doch die deutsche geldgeschichtliche Forschung nachhaltig beeinflußt hätte. Insbesondere HAMILTON hatte in den 30er Jahren neue Maßstäbe gesetzt, als er die numismatisch-deskriptive Methode verließ und die ökonomische Theorie instrumentalisierte. Ausgehend von der Quanti-

Geschichte des Geldes

tätstheorie des Geldes argumentierte HAMILTON, daß das Silber der Neuen Welt die europäischen Edelmetallvorräte vergrößerte und damit das Preisniveau erhöhte, wodurch eine zunehmende soziale Ungleichheit ebenso wie die Profitinflation der Kaufleute und Unternehmer sowie die Entwicklung des Kapitalismus im 16. Jahrhundert stimuliert worden seien. Dennoch war diese quantitative Erklärung nicht neu. Wir finden sie bereits im Spanien des 16. Jahrhunderts oder 1568 bei J. BODIN [100: H. HAUSER, La response].

Nach der Euphorie kam denn auch die Kritik. Man wendete ein, daß in den meisten europäischen Ländern die Preise bereits in der ersten Hälfte des 16. Jahrhunderts vor der Ankunft des amerikanischen Edelmetalls stiegen (und daher der Aufschwung des mitteleuropäischen Silberbergbaus einbezogen werden müßte). Andere Historiker stellten den Zusammenhang von Geldmenge und Preisentwicklung und damit die monetäre Erklärung der sogenannten Preisrevolution überhaupt in Frage. Insbesondere die Vertreter der neo-malthusianischen Schule [1: W. ABEL, Agrarkrisen; 228: M. POSTAN, Some Evidence] erklären die Preissteigerung des 16. Jahrhunderts mit dem starken Bevölkerungswachstum und der sich daraus ergebenden Diskrepanz zwischen Nahrungsmittelnachfrage und -angebot bzw. machen für die spätmittelalterliche Agrardepression die Bevölkerungsverluste der großen Pest verantwortlich. Interessant ist ebenfalls die ABEL modifizierende Erklärung F.-W. HENNINGs [103: Deutsche Wirtschaftsgeschichte, 546–552], der zwar die Steigerung der Geldmenge als eine Inflationsursache anerkennt, aber in dem Bevölkerungswachstum den weitaus bedeutenderen Inflationsfaktor sieht. Dabei unterscheidet er zwischen einer Nachfrageinflation auf dem Nahrungsmittelsektor („Es herrschte ‚Vollbeschäftigung' des Bodens, nicht aber Vollbeschäftigung der Arbeitskräfte") und einer Kosteninflation im gewerblichen Bereich (steigende Nahrungsmittelkosten treiben Produktionskosten in die Höhe). Jedoch basieren die meisten Erklärungsversuche auf theoretischen Annahmen. Empirische Studien, die zur Erklärung des Phänomens verläßliche Preisindizes rekonstruieren sowie die Faktoren und Komponenten des Konjunkturverlaufs analysieren, fehlen mit Ausnahme der grundlegenden Arbeiten J. H. MUNROS [179: Bullion Flows; 180: DERS., The Central European] für die Niederlande und England im Spätmittelalter und im 16. Jahrhundert weitgehend.

Münzen, Papier- und Buchgeld   Dennoch hat sich in den 80er Jahren auch in Deutschland eine neue geldgeschichtliche Forschung etabliert, die Anregungen der internationalen Forschung zur Kenntnis nimmt und teilweise bereits anwendet. Erst allmählich setzte sich dabei die Erkenntnis durch, daß Geld nicht ausschließlich Münzgeld war, sondern daß auch Papiergeld und Buchgeld berücksichtigt werden müßten. Dennoch dominieren in der geldgeschichtlichen Forschung noch immer die Münzen und als Quellen Münzfunde und Münzordnungen und Valvationen. Aber auch überlieferte Kassenbestände, Nachlaßinventare, Rechnungen sowie die münzpolitischen Akten der Reichskreise finden zunehmend Berücksichtigung.

Den Geldhistoriker interessieren Münzfunde in erster Linie als Quellen zur Rekonstruktion des Geldumlaufs. Als Münzfunde bezeichnet man in diesem Zusammenhang alle aufgefundenen Münzen und unterscheidet die Münzfunde nach ihrer Größe in Schatz- und Einzelfunde. Untersucht werden die gefundenen Münzen als Stichprobe aus der Gesamtheit der im Umlauf befindlichen Münzen. Entsprechend steht die Repräsentativität von einem oder mehreren Münzfunden für den Geldumlauf einer bestimmten Zeit im Mittelpunkt der Diskussion. Denn diese wird im Falle der Schatzfunde durch mehrere Faktoren beeinträchtigt. So ist anzunehmen, daß aus Gründen der praktischen Wertaufbewahrung bevorzugt die größeren, wertvolleren, wertbeständigeren und leichter verrechenbaren Münzen gehortet wurden [271: J. SCHÜTTENHELM, Der Geldumlauf, 98–101]. Auf den ersten Blick ein unmittelbares Bild vom Geldumlauf bieten dagegen die Einzelfunde, d. h. die zufällig verlorengegangenen Münzen. Aber auch hier sind Einschränkungen hinsichtlich der Repräsentativität zu machen, da die größere Wahrscheinlichkeit des Verlustes bei kleinen Silbermünzen den Geldumlauf nur annähernd widerspiegelt, und diesbezügliche Aussagen in jedem Fall an der schriftlichen Überlieferung überprüft werden müssen. Entsprechend haben auch einige Geldhistoriker neue Methoden entwickelt, um die Aussagekraft der materiellen und der schriftlichen Quellen für den Geldumlauf zu erhöhen.

Voraussetzung für solche Untersuchungen ist jedoch die regionale Erfassung der Münzfunde als historische Quelle. In den 70er Jahren erschienen daher erste Monographien, die den regionalen Geldumlauf über einen längeren Zeitraum untersuchten. P. ILISCH [109: Münzfunde] erörterte auf der Grundlage des von ihm zusammengestellten Fundkatalogs Probleme des Geldumlaufs in Westfalen vom 9. bis 19. Jahrhundert, während P. CERWENKA und P. W. ROTH [39: Der Münzumlauf] den österreichischen Raum als EDV-Anwendungsbeispiel behandelten. Die bedeutendste Arbeit auf diesem Gebiet ist H. EICHHORNs Studie [64: Der Strukturwandel] zum fränkischen Geldumlauf in Spätmittelalter und Früher Neuzeit. EICHHORN hat die statistische Fundbearbeitung nicht nur durch die Einführung mathematisch-

(Randnotizen:)

Münzfunde

Münzen als historische Quelle

wahrscheinlichkeitstheoretischer Methoden, sondern auch durch die Entwicklung der sogenannten Fund-Steuer-Analyse weitergebracht. Letztere beruht auf der Annahme, daß die zur Zahlung von Steuern und Abgaben verwendeten Münzen ebenso wie die gehorteten Münzen vom realen Geldumlauf abwichen, aber in die entgegengesetzte Richtung, nämlich hin zu den selteneren, kleineren, geringerwertigen und weniger gut verrechenbaren Münzen. Entsprechend könnten Steuerzahlungen das Bild der Münzfunde korrigieren. Voraussetzung hierfür sind jedoch überlieferte Steuerabrechnungen, die nicht nur das Steueraufkommen in der Rechnungsmünze summieren, sondern detailliert die Nominale oder zumindest die Anteile von Gold- und Silbergeld an den Steuereinnahmen registrieren [64: H. EICHHORN, Strukturwandel, 287–294].

Münzfunde in Süd-
westdeutschland

In methodischer und geographischer Hinsicht ergänzt wurde EICHHORNs Untersuchung durch J. SCHÜTTENHELM [271: Der Geldumlauf] für den südwestdeutschen Raum. Dabei konnte er neben den Münzfunden vor allem auf schriftlich überlieferte Steuerabgaben wie die Türken[kriegs]steuern der 1540er Jahre, die städtischen Konstanzer Steuerabrechnungen (1438, 1444/45), aber auch auf Kirchenkollekten, Ablaßzahlungen sowie auf Kassenbestände städtischer Ämter, z. B. die des Frankfurter Bauamtes, zurückgreifen. Wesentliche Erkenntnisse gewinnt SCHÜTTENHELM wie bereits früher EICHHORN über die große Bedeutung des Goldgeldes im südwestdeutschen Geldumlauf des 15. Jahrhunderts und das schnelle Vordringen des Talers seit den 1530er Jahren. Beiden Arbeiten ist gemeinsam, daß sie zwar methodisch neu und überzeugend den Geldumlauf rekonstruieren, daß aber die Analyse der den Geldumlauf bestimmenden Faktoren weitgehend entfällt. So erklären sie Veränderungen im Geldumlauf allein mit Entwicklungen der globalen Edelmetallproduktion, ohne die Faktoren Produktion und Distribution voneinander zu trennen.

Geldumlauf in
Norddeutschland

Vor dem Hintergrund dieser Defizite hat sich M. NORTH [193: Geldumlauf] das Ziel gesetzt, nicht nur den Geldumlauf Norddeutschlands zu rekonstruieren und mit den süddeutschen Ergebnissen zu vergleichen, sondern auch nach den Ursachen der Edelmetallversorgung und nach den Einflüssen des Geldes auf die Konjunkturentwicklung zu fragen. Hierbei wird deutlich, daß in Norddeutschland der Anteil des Goldes (ca. 25%) am Geldumlauf wesentlich geringer war als in Süddeutschland (70% um 1450, mit sinkender Tendenz), was vor allem mit den Strukturen und Bilanzen des hansischen Handels zu erklären ist [193: NORTH, Geldumlauf, 85–104]. So wies im ausgehenden 15. Jahrhundert nur der Handel mit Mittel- und Oberdeutschland sowie mit

Preußen einen Überschuß auf, so daß ständig Edelmetall aus der Region abfloß und wenig Gold zu erlösen war. Dieses Defizit hatte Auswirkungen auf die Geldmenge und die konjunkturelle Entwicklung. Die verminderte Kaufkraft zog einen Preisverfall nach sich, zumal von den Städten bei stagnierender oder sogar sinkender Bevölkerungszahl keine Impulse ausgingen. Dagegen ging der konjunkturelle Umschwung im 16. Jahrhundert eher von dem überall in Europa einsetzenden Bevölkerungswachstum aus, das die Zunahme der sich ebenfalls vergrößernden Geldmenge zumindest bis in die 1560er Jahre übertraf. Der Aufschwung, der in vielen Bereichen (Agrarproduktion, Handel, Schiffahrt) zu verzeichnen war, aber branchenmäßig und regional unterschiedlich verlief, wurde durch eine Steigerung der Umlaufgeschwindigkeit ermöglicht, wobei Kreditinstrumente und die Expansion des Kredits bislang noch zu wenig beachtet werden. Weiter muß betont werden, daß das Datenmaterial sowohl zur Bevölkerungsentwicklung als auch zu den Veränderungen der Geldmenge bisher und auf absehbare Zeit keine weitergehenden Schlüsse erlaubt.

Dennoch wurden auch von anderen Autoren Indizien zusammengetragen, die diese Hypothese stützen. Eine oft diskutierte Frage ist dabei, ob und in welchem Maße das amerikanische Silber auf den deutschen Markt kam und die hiesigen Währungsverhältnisse beeinflußte. So konstatiert B. SPRENGER [282: Münzverschlechterung, 130] einen massiven Import spanischen Silbers und eine gewaltige Steigerung der Geldmenge um das Vier- bis Achtfache, ohne diese Vermutung aber mit verläßlichen Zahlen belegen zu können. Vorsichtiger hat R. PIEPER [218: Amerikanische Edelmetalle, 178–188] nach Anzeichen für den Einfluß amerikanischen Silbers gesucht und diese u. a. im Aufschwung der oberdeutschen, vor allem der Augsburger Silberschmiedekunst in der zweiten Hälfte des 16. Jahrhunderts gefunden. Am deutlichsten ist der Zustrom amerikanischen Silbers noch im Geldumlauf festzustellen. Besonders die spanischen Philippstaler waren seit den 1560er Jahren auf dem Vormarsch und verdrängten sowohl die älteren Guldengroschen als auch die neuen Reichstaler zunehmend aus dem Umlauf. Dies belegen der Kassenbestand des Frankfurter Bauamtes 1591/92 ebenso wie die süddeutschen Münzfunde, in denen fast jeder zweite Taler aus den Niederlanden kam [64: H. EICHHORN, Strukturwandel, 174–178; 271: J. SCHÜTTENHELM, Geldumlauf, 486 f.]. Jedoch stellt sich die Frage, wieviel von dem eingeführten Edelmetall in Deutschland verblieb. Bereits A. ATTMAN [5: American Bullion, 78] hatte die jährlichen europäischen Edelmetallausfuhren in den Ostseeraum, die Levante und nach Asien mit 52–78 Tonnen um 1550 und mit 114 Tonnen um 1600

Silber aus der Neuen Welt

beziffert. Das würde bedeuten, daß um die Mitte des 16. Jahrhunderts möglicherweise mehr Edelmetall aus Europa abgeflossen ist als aus den spanischen Kolonien importiert wurde und daß das amerikanische Silber erst gegen Ende des 16. Jahrhunderts die europäische Silberversorgung nachhaltig verbessert hätte.

Berechnung von
Geldmengen

Geldmengen können für die deutschen Territorien nicht berechnet werden, da anders als in England, Frankreich oder den südlichen Niederlanden eine einheitliche Münzprägung und damit auch eine zentrale Produktionsstatistik der Münzstätten fehlen. Tiefere Einblicke in die monetäre Situation des Reiches bietet daher eine Analyse der Münzpolitik und der zahlreichen zeitgenössischen Gutachten und Memoranden zum Münzwesen, wie sie vor kurzem H.-J. GERHARD [77: Ursachen und Folgen; 78: DERS., Ein schöner Garten] vorgenommen hat. Dabei treten zwei gegenläufige Tendenzen zu Tage: Einerseits wurde – auch infolge des Edelmetallabflusses ins Ausland – das Angebot an groben Silbermünzen knapper, und der Silberpreis stieg an. Andererseits gab es eine starke Zunahme (in der Sprache der Quellen „Überschwemmung") der geringerwertigen mittleren und kleinen, zunehmend mit Kupfer legierten Münzen. Wenn sich die Geldmenge inflationär vermehrte, dann nicht real im Grobgeldbereich durch den Einstrom amerikanischen Silbers, sondern vielmehr nominal durch die starke Vermehrung der Scheidemünzen.

Daß nicht nur die Scheidemünzen drastisch an Wert verloren, sondern auch das (nicht ausgeprägte) Rechengeld eine Entwertung erfuhr, zeigt eine grundlegende Studie von R. METZ [170: Geld]. Auffällig ist dabei die nicht unerwartete Parallelität zwischen Preisanstieg und Rechengeldentwertung, ohne daß hier bereits Ursachen und Wirkung isoliert werden können.

Kipper- und
Wipperzeit

Die bereits für das 16. Jahrhundert bemerkte disproportionale Entwicklung der Grob- und der Scheidemünzen mündete dann im 17. Jahrhundert in die Geldkrise der Kipper- und Wipperzeit, in der zwei Währungen existierten. Für die eine (der Grobmünzen) konnte man auf dem Markt alles erhalten, während die andere (der Scheidemünzen) ab 1617/19 sprunghaft entwertet wurde [265: K. SCHNEIDER, Kipper- und Wipperzeit, 191 f.]. Dies haben die wenigsten Historiker bemerkt. In der Nachfolge Gustav Freitags, der die Begriffe Kipper und Wipper in seinen „Bildern aus der deutschen Vergangenheit" dem Bildungsbürgertum nahegebracht hatte, wird nämlich noch immer behauptet: „Die Folgen hatte zum größten Teil der kleine Mann zu tragen, der zuerst zur Annahme der Kippermünzen per Verordnung gezwungen war und jetzt diese Münzen in einem verringerten Wert wieder zurückgeben mußte" [319: K. WEISENSTEIN, Kipperzeit, 22]. Noch weiter daneben liegt B. SPRENGER [283: Das Geld, 116], der Parallelen zur Hyperinflation von 1923 zieht („die zweite große deutsche Inflation"), aber hier ebenfalls nicht auf dem neuesten Forschungsstand ist. Differenziertere Bewertungen finden sich bei M. NORTH [197: Das Geld, 97–107], der die Kipper- und Wipperzeit in den europäischen Kontext der Kupfergeldkrisen des 17. Jahrhunderts stellt, und K. SCHNEIDER. Letzterer hat nicht nur auf den von Territorium zu Territorium unterschiedlichen Verlauf hingewiesen, sondern auch für Hamburg und Frankfurt zwei Fallstudien vorgelegt [262: K. SCHNEIDER, Hamburg; 263: DERS., Frankfurt], die das Nebeneinander zweier Währungen demonstrieren. Daß die Frankfurter Handwerker Bezahlung in gutem Geld verlangen konnten, spricht beispielsweise für das Vorhandensein dieser Sorten in Gestalt von Philippstalern und Reichstalern, und auch die Münzfunde bestätigen dieses Bild.

Schlechter ist der Forschungsstand für das ausgehende 17. und das 18. Jahrhundert, der noch immer durch die borussische Perspektive und die Forschungen F. VON SCHRÖTTERS [270: Das preußische Münzwesen] beherrscht wird, obwohl auch hier jetzt neue Untersuchungen in Gang kommen. So untersucht T. CHRISTMANN [40: Das Bemühen] in der Nachfolge W. SCHWINKOWSKIS [274: Die Reichsmünzreformbestrebungen] die Versuche von Kaiser und Reich, zu einer einheitlichen Reichsmünzpolitik zu kommen, während H.-J. GERHARD [79: Neue Erkenntnisse] aufgrund gründlicher Quellenstudien die bisherigen Ansichten zum brandenburgisch-sächsischen Münzvergleich von 1667 in Zinna im Detail revidiert, ohne zu neuen Gesamtansichten zu kommen. Wenn er Zinna als „erste[n] Versuch größerer Territorien, sich aus den wirkungslos gewordenen und damit überholten Ordnungsschemata des 16. Jahrhunderts zu lösen und andere, einem neuen Denken verhaftete aufzubauen" versteht [79: GERHARD, Neue Erkenntnisse, 171 f.], liegt er sicher richtig, aber er unterschätzt die Bedeutung, die die Reichskreise in Süddeutschland auch weiterhin für ein funktionierendes Währungssystem hatten. Dies ergibt sich zumindest aus der neuen Untersuchung von K. SCHNEIDER [264: Münz- und Währungspolitik], der am Beispiel des oberrheinischen Reichskreises im 18. Jahrhundert zeigt, daß der Kreis für die kleineren Reichsstände auch währungspolitisch einen Rückhalt gegenüber den größeren Reichsständen bot. Insbesondere im Kerngebiet des Reiches, in den Kreisen Oberrhein, Franken und Schwaben, zeitigten das Verfassungsleben und die Währungspolitik durch die Prägung guten „Konventionsgeldes" im letzten Drittel des 18. Jahrhunderts eine neue Blüte. Künftige For-

Geldpolitik im 17. und 18. Jahrhundert

schungen werden daher – insbesondere vor dem Hintergrund der Theorie des institutionellen Wandels – die Tätigkeit der Reichskreise sowie der Reichsinstitutionen Reichskammergericht und Reichshofrat auf dem Gebiet von Währungs- und Wirtschaftsentwicklung zu beachten haben.

Auch der Zahlungsverkehr wurde maßgeblich durch Institutionen wie Messe, Börse und Wechselbank, aber auch durch die Kodifikation des Wechselrechts, d. h. durch städtische und territoriale Wechselordnungen, bestimmt. Entsprechend ist der Zahlungsverkehr ebensowenig vom Handel zu trennen wie vom Kredit. So war der Wechsel sowohl ein Transfer- als auch ein Kreditinstrument, das gleichermaßen zur Geldüberweisung wie zur Kreditaufnahme benutzt wurde [185: J. H. MUNRO, Wechsel, 413–416]. Dagegen dienten die Wechselbanken dem bargeldlosen Zahlungsverkehr, während ihnen die Kreditvergabe, es sei denn für die öffentliche Hand, verboten war. In der neueren Forschung stehen daher die internationalen Wechselkurse, der internationale Zahlungsverkehr und die Integration Deutschlands in dieses System im Mittelpunkt.

Wechselkurse   Die europäischen Wechselkurse des Mittelalters hat P. SPUFFORD [285: Handbook] für die wissenschaftliche Forschung entdeckt und zusammengestellt. Dabei unterscheidet er zwei Arten von Wechselkursen: 1. die lokalen Wechselkurse, die lokale Transaktionen an einem Ort und zu einer Zeit betrafen; 2. die internationalen Wechselkurse, denen zwei zu unterschiedlicher Zeit und an unterschiedlichen Orten durchgeführte Transaktionen zugrunde lagen. Für beide Arten von Wechselkursen und Transaktionen besitzen wir Quellen vom 12. Jahrhundert an, wobei der Schwerpunkt der Überlieferung aufgrund der Dominanz der italienischen Handelshäuser im internationalen Wechselverkehr in Italien liegt. Während der lokale Wechsler beim Wechsel von Silber in Gold Gewinne machte, zog der internationale Kaufmann-Bankier daraus Profit, daß er die Kursunterschiede von Ort zu Ort und von Zeit zu Zeit nutzte. Entsprechend stellen die zeitgenössischen Kaufmannsnotizbücher, in denen Währungsparitäten, Kursschwankungen und Zahlungsfristen notiert sind, eine wichtige Quelle für den Zahlungsverkehr dar.

In der Frühen Neuzeit änderte sich das System der Wechselkurse nicht grundlegend. Allein die Überlieferung der Wechselkursnotierungen nahm gewaltig zu, wobei die öffentliche Notierung die Regel wurde. J. J. McCUSKER und C. GRAVESTEIJN [168: The Beginnings] sammelten für die Zeit von 1540–1775 aus 33 Städten insgesamt 49 Warenpreis-, Wechselkurs und Geldkurscourants, die McCUSKER [167:

Money] der Forschung zugänglich gemacht hat. Die Masse des Materials hat aber JÜRGEN SCHNEIDER im Rahmen des DFG-Projekts „Quellen und Forschungen zur Historischen Statistik" dazu angeregt, systematisch Langzeitreihen von Geld- und Wechselkursen zu recherchieren und zusammenzustellen. So entstand das elfbändige Werk „Währungen der Welt", von dem neben dem ersten Band mit zahlreichen guten Einführungskapiteln [257: J. SCHNEIDER et al. (Hrsg.), Währungen I] den Frühneuzeithistoriker vor allem die Bände III, VI und IX zu den europäischen Wechselkursen von 1383 bis zum Ende des 18. Jahrhunderts sowie Band X mit den Wechselkursen der Messeplätze Leipzig und Braunschweig im 18. und beginnenden 19. Jahrhundert interessieren. Insgesamt stellt diese Materialsammlung ebenso wie die Bände zu den Afrikanischen oder Australischen Wechselkursen einen Steinbruch dar, der für künftige Forschungen über die – noch sehr wenig bekannte – Kommunikation zwischen den Märkten genutzt werden sollte. Was man aus dem Material machen kann, hat M. DENZEL [52: La Practica, 55: DERS., Die Integration] in seiner Dissertation und einem Aufsatz gezeigt, denn er benutzt diese Quelle neben Kaufmannsnotizbüchern wie Pegolottis „Pratica della Mercatura", „Uzzanos „El Libro di Mercatantie et Usanze", Van Veldens „Wisselhandeling" als zentrale Quelle. DENZELS Dissertation stellt eine nützliche Zusammenfassung der fremdsprachigen Literatur dar, die die Expansion des Zahlungsverkehrs vom Spätmittelalter in die Frühe Neuzeit auch dem – mit der wirtschaftshistorischen Forschung Süd- und Westeuropas nicht vertrauten – Allgemeinhistoriker anschaulich vor Augen führt. Wichtiger erscheint DENZELS Aufsatz [55: Die Integration], in dem er die Stellung Deutschlands im internationalen Zahlungsverkehrssystem von der Anbindung im 17. Jahrhundert bis zur Integration im 18. Jahrhundert nachzeichnet und dazu die wichtigsten deutschen Wechselmärkte behandelt. Neben dieser makrohistorischen Sicht fehlen für Deutschland aber noch immer mikrohistorische Untersuchungen einzelner Handelshäuser und ihrer Zahlungsusancen, wie sie V. DOROŠENKO und E. HARDER-GERSDORFF [58: Ost-Westhandel], E. HARDER-GERSDORFF [98: Zwischen Riga; 99: DIES., Aus Rigaer Handelsbüchern] für den Ostseeraum, insbesondere für die Verbindung Riga-Amsterdam, vorgenommen haben.

Mikrohistorische Untersuchungen könnten auch die Rezeption Bankgründungen von Innovationen auf den Gebieten des Zahlungsverkehrs und des Kredits zu erhellen helfen. Hier liegt ein weiteres Desiderat der Forschung. Zwar sind für die Errichtung der Hamburger (Wechsel-)Bank nach Amsterdamer Muster sowie des Nürnberger Banco-Publico Initiatoren und

Gegner einer Bankgründung durch H. SIEVEKING [277: Hamburger Bank] und L. F. PETERS [214: Handel Nürnbergs] rekonstruiert worden, aber wir wissen nicht, warum solche Gründungen in anderen Städten scheiterten. Kürzlich hat J. SCHNEIDER [256: Messen, 150–153] auf die langsame Diffusion des Indossaments hingewiesen, das im Heiligen Römischen Reich noch bis in die zweite Hälfte des 17. Jahrhunderts verboten war. In Frankfurt wurde zum ersten Mal 1654 das einmalige Übertragen durch Indossament (Girieren) erlaubt, und erst unter dem Druck der Kaufleute, die Wechsel einfach weitergaben, gestatteten die Magistrate von Augsburg (1665), Frankfurt (1666) und Leipzig (1682) die beliebig häufige Indossierung. Auch hier wäre es sinnvoll, die Motive von Stadt und Kaufleuten herauszuarbeiten, denn durch das Indossament wurden die Kaufleute zu ihren eigenen Bankiers, die nicht mehr auf den Meßwechsel angewiesen waren.

Indossament (margin)

7. Kreditinstrumente und Kreditinstitutionen

Bankengeschichte (margin) Die Bankengeschichte, die sich mit Kreditinstrumenten und -institutionen beschäftigt, ist ähnlich wie die Geldgeschichte eine relativ junge Disziplin. Sie konnte sich erst in den 1950er Jahren als Teilgebiet der Wirtschaftsgeschichte etablieren, ohne daß ihr aber die gleiche Aufmerksamkeit wie Handel oder Industrie entgegengebracht wurde. Den Weg hin zur selbständigen Fachdisziplin bereiteten Lokalstudien über einzelne Städte wie Venedig oder Brügge [177: R. C. MUELLER, Venetian Money Market; 241: R. DE ROOVER, Money, Banking], Monographien über einzelne Bankiers oder Privatbankhäuser [243: R. DE ROOVER, Rise and Decline; 159: H. LÜTHY, La Banque protestante; 83: B. GILLE, Maison Rothschild] oder über einzelne Geschäftsbanken im 19. und 20. Jahrhundert. Darüber hinaus wurden in den 1990er Jahren erste Synthesen der bankhistorischen Forschung der letzten drei Jahrzehnte vorgelegt [317: H. VAN DER WEE (Hrsg.), De Bank; 226: H. POHL (Hrsg.), Europäische Bankengeschichte; 298: A. TEICHOVA et al. (Hrsg.), Banking, Trade]. In den meisten Darstellungen liegt der Schwerpunkt entweder auf Westeuropa oder zeitlich auf dem Industriezeitalter, so daß moderne Untersuchungen zum frühneuzeitlichen deutschen Bankwesen Mangelware sind. Zwar hat E. KLEIN [136: Von den Anfängen] den älteren Forschungsstand in der „Deutschen Bankengeschichte" gut zusammengefaßt, und auch K. E. BORN [28: Geld und Banken] hat bis ins 18. Jahrhundert hinein ausgeholt, aber ansonsten sind eher eklektisch Institutionen und Personen behandelt worden. Die meisten Impulse zur Erforschung der Bankengeschichte gingen daher noch von der Mediävistik aus, die einerseits die westeuropäische Perspektive in Frage stellte, andererseits die Verbreitung und Rezeption (westeuropäischer) Techniken und Institutionen im Reich untersuchte. Beispielhaft hierfür sind W. VON STROMER und S. JENKS, die die *communis opinio* vom Fehlen bankähnlicher Institutionen im rechtsrheinischen Deutschland und der Kreditfeindlichkeit der Hanse zerstörten. So hat W. VON STROMER [297: Funktionen und Rechtsnatur] die Existenz von Wechselstuben in Köln und vor allem in Oberdeutschland im 14. und 15. Jahrhundert nachgewiesen, die neben dem Hartgeldwechsel auch Buchkredite einräumten und sich am internationalen Wechselverkehr beteiligten. Auch aus Lübeck sind Wechsler bekannt, bei denen einheimische und auswärtige Kaufleute sowie holsteinische Adlige im 15. Jahrhundert Konten unterhielten [212: K. W. PAULI, Bedeutung, 107 f.; 196: M. NORTH, Banking, 814 f.] und die durch ihre Konkurse aktenkundig wurden. Abgesehen davon, daß überall im 15. Jahrhundert das Sterben der Wechselstuben einsetzte, kennen wir in Lübeck bisher noch keine erfolgreiche Bank. Hier würde die systematische Durchsicht des Lübecker Niederstadtbuchs noch einige neue Erkenntnisse zu Tage fördern. Dies zeigt aber bereits, daß es im Hanseraum die allgemeine Kreditfeindschaft, auf die man aus den Kredit- und Borgkaufverboten der Hansetage geschlossen hatte, nicht gab. Durch eine neue Sicht der hansischen Maßnahmen und durch die Analyse des hansischen Englandhandels hat S. JENKS [116: War die Hanse; 117: DERS., Hartgeld und Wechsel; 118: DERS., Kredit] maßgeblich zu einem differenzierteren Bild von der Rolle des Kredits in der hansischen Wirtschaft beigetragen. Anstelle der generellen Rückständigkeit des hansischen Kreditwesens wurde ein West-Ost-Gefälle herausgearbeitet, das sich deutlich bei Gebrauch und Verwendung von Kreditinstrumenten und -innovationen abzeichnete. Während sich die Kölner Kaufleute, bedingt durch ihren Handel mit Italien, Flandern, England und Oberdeutschland, kredittechnisch auf der Höhe der westeuropäischen Entwicklung befanden, wurden die Formen des Kredits, je weiter man nach Osten kam, zunehmend archaischer, wenn sie nicht wie im Rußlandhandel überhaupt restriktiv gehandhabt wurden.

Entsprechend haben P. JEANNIN, M.-L. PELUS und M. NORTH ihr Augenmerk auf die Kreditinstrumente im Hanseraum gelegt. Welche Kreditinstrumente standen dem Kaufmann überhaupt zur Verfügung? Hier ist an erster Stelle der Wechsel zu nennen, der, wie R. DE ROOVER [242: L'èvolution] gezeigt hat, auf die Bedürfnisse einer Handelsgesell-

Kredit im Hanseraum

schaft mit festen Niederlassungen im Ausland zugeschnitten war. Er betraf in seiner klassischen Form vier Parteien: den Wechselnehmer (Remittent), den Wechselgeber (Trassant), den Bezogenen (Trassat) und den Zahlungsbegünstigten (Präsentant). Der Wechselnehmer (Remittent) gewährte dem Wechselgeber, dem Aussteller des Wechsels, ein Bargelddarlehen und erhielt dafür die Wechselurkunde; der Aussteller zog diesen Wechsel auf einen Korrespondenten in einer anderen Stadt, den Bezogenen, der angewiesen wurde, diesen Betrag an eine im Wechsel genannte Person, den Begünstigten, zu zahlen. Wenn dieser letztere dem Bezogenen den Wechsel präsentierte, mußte er den Wechsel akzeptieren und zahlen. Da die Gelder in einer Stadt in Währung A aufgenommen, aber später in einer anderen Stadt in Währung B zurückgezahlt wurden, war mit dem Wechsel in der Regel ein Geldwechsel verbunden. Ein Blick auf den Geschäftsverkehr Hamburger und insbesondere Lübecker Firmen, zeigte P. JEANNIN [113: Handelsunternehmungen, 50; 114: DERS. Les instruments, 61 f.], daß hier bis 1550 der Wechsel eine marginale Rolle spielte. Es ist überhaupt fraglich, ob bis zu dieser Zeit der Wechsel in seiner klassischen Vier-Parteien-Form von Lübeckern außerhalb Brügges verwendet wurde. Während in den Ostseeraum reisende Antwerpener wie Isidore Dalz [51: J. DENUCÉ, Die Hanse, 11–13] ihre dortigen Einkäufe bereits mit in Antwerpen fälligen Wechseln bezahlten, machten die Hanse – wie lange Zeit auch die Nordwesteuropäer auf den Brabanter Messen – vom Inhaberschuldschein Gebrauch. So zeigt M.-L. PELUS [213: Wolter von Holsten, 377–386] am Beispiel der Lübecker Firma Wolter von Holstens, daß sich in Riga ein Kaufmann von einem Lübecker Kapitän oder Kaufmannskollegen eine Geldsumme lieh und darüber einen Schuldschein ausstellte. Gegen diese *Handschryft* konnte sich der Gläubiger die Summe von der Handelsgesellschaft in Lübeck auszahlen lassen.

Übertragbarkeit von Kreditpapieren   Diskutiert wird auch die Übertragbarkeit von Kreditpapieren. Sie hatte den Vorteil, daß ein Gläubiger nicht bis zur Fälligkeit seines Wechsels oder Schuldscheins warten mußte, um Geld zu bekommen, sondern daß er das Papier bei Bedarf selbst als Zahlungsmittel einsetzen konnte. Der neue Inhaber des Kreditpapiers erhielt dann den Betrag von dem ursprünglichen Schuldner erstattet. Dieses Verfahren der Weitergabe von Inhaber-Schuldscheinen funktionierte aber nur, solange es sich in einem überschaubaren Kreis miteinander bekannter Kaufleute abspielte, die auch die Kreditwürdigkeit ihres Geschäftspartners einschätzen konnten. Als aber die Kreditinstrumente frei zu zirkulieren begannen und derjenige, der dem Aussteller den Schuldschein präsentierte, nur der letzte in einer langen Kette von Gläubigern war, die den

Schuldschein in Zahlung genommen hatten, bedurfte es gesetzlicher Regelungen zur Rechtssicherung des Zahlungsverkehrs. Nachdem bereits das Londoner Mayor's Court 1437 dem Inhaber eines Wechsels denselben Anspruch wie dem ursprünglichen Begünstigten zugesprochen hatte, räumten auch das Antwerpener Stadtgericht (1507) und die Kaiserlichen Mandate 1537 und 1541 dem Inhaber eines Inhaber-Schuldscheins dieselben Rechte wie dem ursprünglichen Gläubiger ein. Damit war der Weg frei für den Handel mit Inhaber-Schuldscheinen an der Antwerpener Börse [181: J. H. MUNRO, Übertragbarkeit; 314: H. VAN DER WEE, The Growth; 315: DERS., Monetary, Credit and Banking Systems].

Wie sah es aber mit der Innovation der Übertragbarkeit von Forderungen im Hanseraum aus? Zwar trugen auch im Hanseraum des späten 15. Jahrhunderts, ähnlich wie in Westeuropa und in Oberdeutschland [134: B. KIRCHGÄSSNER, Zur Geschichte], die meisten Schuldscheine sogenannte Inhaber-Klauseln, die die Zahlung der Schuld an den Gläubiger, seine Erben oder den Inhaber des Schuldscheins ermöglichte [183: J. H. MUNRO, Inhaber-Klausel; 134: B. KIRCHGÄSSNER, Zur Geschichte; 186: M. NEUMANN, Wechsel]. Trotz dieser Klausel erhielt eine Übertragung einer Schuld nur dann Rechtskraft, wenn der neue Inhaber des Schuldscheins eine Vollmacht des vorherigen Gläubigers vorweisen konnte, in der dieser dem Inhaber die Forderung abgetreten hatte. Zwar urteilte der Lübecker Rat 1499 erstmals zugunsten des Inhabers eines Schuldscheines, ohne daß dadurch die Übertragung von Kreditinstrumenten in Lübeck spürbar stimuliert worden wäre. Wohl begegnet in den Quellen ab und zu ein Lübecker, der in Antwerpen mit einem weitergereichten Inhaber-Schuldschein bezahlt wurde, aber an Ort und Stelle benutzte man bis in die zweite Hälfte des 16. Jahrhunderts zur Übertragung von Forderungen noch umständlichere Übertragungsurkunden und Vollmachtbriefe. Selbst in den achtziger Jahren des 16. Jahrhunderts, als die Übertragung von Kreditinstrumenten auch in Lübeck schon gang und gäbe war, herrschte noch immer Unklarheit über die Rechtslage [115: P. JEANNIN, De l'arithmétique commerciale].

M. NORTH [207: Kreditinstrumente] fragt deshalb, warum die Hanse nicht oder nur sehr spät von den italienischen Errungenschaften auf dem Kreditgebiet Gebrauch machte. R. DE ROOVER und seine Schüler haben lange Zeit den fortschrittlichen italienischen Wechsel dem „primitiven" Inhaber-Schuldschein gegenübergestellt. Sie übersahen dabei aber, daß Inhaber-Schuldschein und Wechsel die gleichen Funktionen erfüllten. Die Unterschiede betrafen allein die Führung des Han-

dels selbst. Während der Wechsel auf den sogenannten nieder-
gelassenen italienischen Handel mit Filialen und Faktoren im Ausland
zugeschnitten war, entsprach der Inhaber-Schuldschein den Bedürfnis-
sen des wandernden Messehandels, z. B. dem Handel auf den Brabanter
Messen bis ins 17. Jahrhundert [181: J. H. MUNRO, Übertragbarkeit].
Da ein Hansekaufmann, der Geld mit Hilfe des Schuldscheins
aufnahm, dieses nach dem Verkauf der Waren auf der nächsten Messe
selbst zurückzahlte, benötigte er keinen Bezogenen oder Akzeptanten,
der wie beim Wechsel in seinem Auftrag zahlte. Höchstens zahlte er an
einen Vertreter des Darlehnsgebers. Dies wird am Beispiel englischer
Tuchexporteure deutlich, die im 15. Jahrhundert, als sie ihr Tuch an
feste Agenten zu schicken begannen, zunehmend vom Vier-Parteien-
Wechsel Gebrauch machten. Wenn wir also fragen, warum der hansische Handel nicht den Wechsel benutzte, dann müssen wir fragen,
warum es im Hanseraum nicht zur Ausbildung der großen zentral organisierten Handelsgesellschaft mit ständigen Filialen im Ausland kam.
Hierfür war vermutlich das vergleichsweise geringe Handelsvolumen
der Hansekaufleute verantwortlich. Das geringe Handelsvolumen und
die sich daraus ergebende „Vorliebe für kleine, überschaubare und selten langlebige Handelsgesellschaften" [110: F. IRSIGLER, Der hansische
Handel, 720] machten dann auch den Gebrauch des klassischen Wechsels überflüssig.

Für den vorwiegend bilateralen hansischen Handel und seine Kre-
ditbedürfnisse reichte in der Regel der Inhaber-Schuldschein aus. Auf
den rohstoffreichen Ostmärkten mußte ohnehin mit Silber bezahlt werden, und daneben gab es eine Reihe weiterer Kreditmöglichkeiten vom
Rentenkauf bis zum Warenpfand, mit dem man sich den auch für den
hansischen Handel unentbehrlichen Kredit verschaffen konnte.

Rentenmarkt im   Die wahrscheinlich wichtigste Kreditquelle war im spätmittelal-
Ostseeraum   terlichen Ostseeraum der Rentenmarkt, über den wir im Fall Hamburgs
durch die Dissertationen der Sprandel-Schule gut informiert sind [238:
K. RICHTER, Untersuchungen; 320: H.-J. WENNER, Handelskonjunk-
turen; 7: H. P. BAUM, Hochkonjunktur; 73: P. GABRIELSSON, Struktur].
Mit dem Kauf oder dem Verkauf einer auf einem Grundstück liegenden
Rente legte man Geld an oder nahm einen Kredit auf, wobei die Einlagen mit $6^2/_3\%$ verzinst wurden [281: R. SPRANDEL, Rentenmarkt; 73:
GABRIELSSON, Struktur]. Das Rentengeschäft ermöglichte es, unter
Umgehung des kanonischen Zinsverbots ein kündbares Darlehen zu erlangen. Die Rente konnte jederzeit vom Rentenschuldner zurückge-
kauft, aber ebenso vom Rentenkäufer, falls er Bargeld benötigte, weiter
veräußert werden. Jedoch war das Kreditvolumen des Handels durch

die Grundstückssicherung des Rentenkredits eingeschränkt. Trotzdem haben Hamburger Kaufleute die auf dem Rentenmarkt gebotenen Möglichkeiten voll ausgeschöpft und durch den Erwerb von Häusern und Grundstücken ihre Kreditgrundlagen erweitert. In diesem Zusammenhang hat K.-J. LORENZEN-SCHMIDT [157: Umfang und Dynamik, 47] gezeigt, daß in den sechziger Jahren des 16. Jahrhunderts, in einer Zeit des Konjunkturaufschwungs, die Nachfrage nach Rentenkrediten stärker als die Kapitalanlage auf dem Rentenmarkt wuchs, so daß der Bedarf in großem Maße durch den Verkauf von Altrenten gedeckt werden mußte. Dennoch wurde der Hamburger Geldbedarf auch weiterhin innerstädtisch abgedeckt; und selbst in den folgenden Jahrhunderten, als sich der Hamburger Kapitalmarkt allmählich modernisierte, wurden durch das Instrument der Hypothek gesicherte Rentengeschäfte lebhaft fortgeführt [158: K.-J. LORENZEN-SCHMIDT, Kaufmannskredite, 130 f.]. Eine andere Form des Kredits stellten die Borgkäufe dar, bei denen man nicht bar bezahlte, sondern eine Zahlungsfrist zwischen einem Vierteljahr und einem Jahr vereinbarte. Der Kaufpreis war dann von der Länge des Borgzeitraums abhängig. Daß die Borgkäufe in der zweiten Hälfte des 16. Jahrhunderts in Lübeck erhebliche Bedeutung im Handelsaustausch besaßen, belegt das von A. VON BRANDT [30: Waren- und Geldhandel] ausgewertete Rechnungsbuch des Lübecker Maklers Steffen Molhusen. Erwähnt werden muß auch das Warenpfand, bei dem Kaufleute einen Teil ihrer Waren als Sicherung verpfänden mußten. Insbesondere jüngere Kaufleute, die noch nicht über genügend Eigenkapital verfügten, bedienten sich dieser Kreditform, obwohl sie damit ihr Handelsvolumen begrenzten [246: H. SAMSONOWICZ, Untersuchungen, 104–109].

Verglichen mit dieser intensiven Erforschung der späthansischen Kreditgeschichte nehmen sich die übrigen Untersuchungen zur frühneuzeitlichen Bankengeschichte bescheiden aus. Zwar hat neben E. KLEIN [136: Von den Anfängen] auch M. NORTH [205: German Banking Houses] kürzlich den Forschungsstand für ein internationales Publikum zusammengefaßt, aber dabei konnte er sich nur auf wenige jüngere Arbeiten stützen. So wissen wir über die Adaption westeuropäischer Kreditinnovationen in Hamburg und Frankfurt nur durch die älteren Studien von H. KELLENBENZ [126: Unternehmerkräfte], A. DIETZ [57: Frankfurter Handelsgeschichte, Bd. 3] oder R. EHRENBERG [63: Zeitalter, Bd. 2] während allein der Nürnberger Banco Publico durch L. F. PETERS [214: Handel Nürnbergs], der die führende Rolle der italienischen und niederländischen Kaufleute belegt, eine solide neuere Untersuchung erfahren hat.

Hoffaktoren   Auch für den spezifisch deutschen Bankierstyp, den jüdischen Hoffaktor, sind wir immer noch auf das gründliche fünfbändige Werk von H. SCHNEE [254: Die Hoffinanz] angewiesen, obwohl B. GERBER [75: Jud Süß] die Thematik um eine rezeptionsgeschichtliche Arbeit über Joseph Süß Oppenheimer bereichert hat. Hier wäre zu wünschen, daß sich die inzwischen intensivierte Forschung zur jüdischen Geschichte in Deutschland erneut dieses Themas annimmt. Nur wenig besser ist der Forschungstand für den Aufstieg der Privatbankiers aus dem Hofjudentum, wenn man einmal von den Rothschilds absieht. Was hier bei einer intensiven Sichtung der Geschäftsbücher herauskommen kann, verdeutlicht die Dissertation von F. ZELLFELDER [333: Das Kundennetz]. Er arbeitet hier nicht nur das Dienstleistungsprofil (Anleihenemission, Kommissionshandel, Wechsel- und Kontokorrentgeschäft) des Bankhauses Gebrüder Bethmann heraus, sondern rekonstruiert auch geographisch den Kundenkreis, den er mit der Amsterdam-Londoner Firma Hope & Co. vergleicht. Bethmann suchte dabei seine Marktlücke als Clearingstelle regional tätiger Gewerbebetriebe, während sich Hope auf internationale Geschäfte konzentrierte. Hervorzuheben ist die Konzentration der Gebrüder Bethmann auf die Zentren der deutschen Frühindustrialisierung und innovative Unternehmer, die in einer Kundenprosopographie rekonstruiert werden. Sonst fließen unsere Kenntnisse für das Rheinland und Westfalen erst wieder für die Zeit seit den 20er Jahren des 19. Jahrhunderts durch die Arbeiten von P. COYM [44: Unternehmensfinanzierung] und R. TILLY [303: Financial Institutions] reichlicher. Zu den heute meist noch existierenden Hamburger Privatbankhäusern fehlt noch immer eine systematische Untersuchung. M. POHLS Überblick [227: Hamburger Bankengeschichte] ist hierfür allzu kursorisch, so daß man noch immer auf die verschiedenen Festschriften zu Firmenjubiläen wie M. MÖHRING [172: Conrad Heinrich Donner] oder BERENBERG BANK [16: Berenberg, Gossler] angewiesen ist.

Agrarkredit in der   Nur unwesentlich besser ist der Forschungsstand zum frühneu-
Frühen Neuzeit zeitlichen Agrarkredit. Hier ragen die Arbeiten von W. A. BOELCKE [25: Zur Entwicklung; 24: DERS., Bäuerlicher Wohlstand; 26: DERS., Der Agrarkredit] einsam heraus. BOELCKE analysiert hier nicht nur das zentrale Kreditinstrument des Gültkaufs, sondern macht auch darauf aufmerksam, daß die sich durch die Einführung ländlicher Hypotheken im 17. und 18. Jahrhundert verbessernden Kreditmöglichkeiten fast ausschließlich den Gutsbesitzern zugute kamen, da die bäuerliche Kreditaufnahme durch das grundherrliche Konsensrecht eingeschränkt war. Hauptgläubiger der Bauern waren daher auch in der Frühen Neu-

zeit neben kapitalbesitzenden Bauern und Stadtbürgern die Gemeinden und die Kirche [332: H. WUNDER, Finance; 251: R. SCHLÖGL, Bauern, 326–42]. Auf die große Bedeutung der Kirche als Kreditgeber haben T. DAHLERUP [45: Kirche und Kredit] für Dänemark und das Herzogtum Schleswig sowie kürzlich D. SCHLEINERT [250: Ausbildung der Gutswirtschaft] für Pommern aufmerksam gemacht. Letzterer zeigte, daß gleichsam eine Kreditarbeitsteilung zwischen den Dorfkirchen, die an die Bauern liehen, und den Stadtkirchen, die den gutsbesitzenden Adel kreditierten, existierte. Daneben gab es Adlige, die einen erheblichen Teil ihrer Einkünfte aus dem Geldverleih bezogen. Diesen Fragen des ländlichen aber auch des städtischen Kreditangebots durch Kirchen, Klöster, Hospitäler, Zünfte und Gilden wird in Zukunft ebenso intensiv nachzugehen sein wie den ökonomischen und sozialen Erträgen des Krediteinsatzes.

III. Literatur

1. W. ABEL, Agrarkrisen und Agrarkonjunktur, Hamburg ³1978.
2. P. ALBRECHT, Die Förderung des Landesausbaues im Herzogtum Braunschweig-Wolfenbüttel im Spiegel der Verwaltungsakten des 18. Jahrhunderts (1671–1806), Braunschweig 1980.
3. H. ALTMANN, Die Kipper- und Wipperinflation in Bayern (1620–23). Ein Beitrag zur Strukturanalyse des frühabsolutistischen Staates, München 1976.
4. A. ATTMAN, The Bullion Flow between Europe and the East, 1000–1750, Göteborg 1981.
5. A. ATTMAN, American Bullion in the European World Trade, 1600–1800, Göteborg 1986.
6. J. M. BAK, Symbolik und Kommunikation im Mittelalter, in: Kommunikation und Alltag im Spätmittelalter und Früher Neuzeit, Wien 1992, 39–45.
7. H. P. BAUM, Hochkonjunktur und Wirtschaftskrise im spätmittelalterlichen Hamburg. Hamburger Rentengeschäfte 1371–1410, Hamburg 1976.
8. H. BAUSINGER, K. BEYRER, G. KORFF (Hrsg.), Reisekultur. Von der Pilgerfahrt zum modernen Tourismus, München 1991.
9. R.-H. BAUTIER, Les foires de Champagne. Recherches sur une évolution historique, in: La Foire, Bruxelles 1953, 97–147.
10. W. BEHRINGER, Thurn und Taxis. Die Geschichte ihrer Post und ihrer Unternehmen, München 1990.
11. W. BEHRINGER, Bausteine zu einer Geschichte der Kommunikation. Eine Sammelrezension zum Postjubiläum, in: ZHF 21 (1994), 92–112.
12. W. BEHRINGER, „Die Welt in einen anderen Model gegossen". Der Strukturwandel des frühneuzeitlichen Kommunikationswesens am Beispiel der Reichspost, Habil.-Schrift, Bonn 1996.
13. W. BEHRINGER, Der Fahrplan der Welt. Anmerkungen zu den Anfängen der europäischen Verkehrsrevolution, in: H. Trischler, H.-L. Dienel (Hrsg.), Geschichte der Zukunft des Verkehrs, Frankfurt 1996, 40–57.
14. W. BEHRINGER, Fugger und Taxis. Der Anteil Augsburger Kauf-

leute an der Entstehung des europäischen Kommunikations-systems, in: J. Burkhardt, Augsburger Handelshäuser im Wandel des historischen Urteils, Berlin 1996, 241–248.

15. W. BEHRINGER, Reisen als Aspekt einer Kommunikationsge-schichte der Frühen Neuzeit, in: M. Maurer (Hrsg.), Neue Impulse der Reiseforschung, Berlin 1999, 65–95.

16. BERENBERG, GOSSLER & CO., Die Geschichte eines deutschen Privatbankhauses, Hamburg 1990.

17. J.-F. BERGIER, Les foires de Genève et l'économie internationale de la Renaissance, Paris 1963.

18. L. BEUTIN, Der deutsche Seehandel im Mittelmeergebiet, Neu-münster 1933.

19. K. BEYRER, Die Postkutschenreise, Tübingen 1985.

20. K. BEYRER (Hrsg.), Zeit der Postkutschen. Drei Jahrhunderte Rei-sen 1600–1900, Karlsruhe 1992.

21. K. BEYRER, M. DALLMEIER (Hrsg.), Als die Post noch Zeitung machte. Eine Pressegeschichte. Eine Publikation des Deutschen Postmuseums, Frankfurt am Main/Gießen 1994.

22. K. BLASCHKE, Elbschiffahrt und Elbzölle im 17. Jahrhundert, in: HGbll. 82 (1964), 42–54.

23. H. BOEHNCKE, Bettler, Gaukler, Fahrende – Vagantenreisen, in: H. Bausinger, K. Beyrer, G. Korff (Hrsg.), Reisekultur. Von der Pilgerfahrt zum modernen Tourismus, München 1991, 69–74.

24. W. A. BOELCKE, Bäuerlicher Wohlstand in Württemberg Ende des 16. Jahrhunderts, in: Jahrbücher für Nationalökonomie und Stati-stik 176 (1964), 241–280.

25. W. A. BOELCKE, Zur Entwicklung des bäuerlichen Kreditwesens in Württemberg vom späten Mittelalter bis Anfang des 17. Jahr-hunderts, in: Jahrbücher für Nationalökonomie und Statistik 176 (1964), 326–327.

26. W. A. BOELCKE, Der Agrarkredit in deutschen Territorialstaaten vom Mittelalter bis Anfang des 18. Jahrhunderts, in: M. North (Hrsg.), Kredit im spätmittelalterlichen und frühneuzeitlichen Europa, Köln/Wien 1991, 193–213.

27. I. BOG (Hrsg.), Der Außenhandel Ostmitteleuropas 1450–1650, Köln/Wien 1971.

28. K. E. BORN, Geld und Banken im 19. und 20. Jahrhundert, Stutt-gart 1976.

29. M.-T. BOYER-XAMBIEU, G. DELEPLACE, L. GILLARD, Monnaie pri-vée et pouvoir des princes. L'économie des relations monétaires à la Renaissance, Paris 1986.

30. A. VON BRANDT, Waren- und Geldhandel um 1560. Aus dem Geschäftsbuch des lübeckischen Maklers Steffen Molhusen, in: Zeitschrift des Vereins für Lübeckische Geschichte und Altertumskunde 34 (1954), 45–58.

31. A. VON BRANDT, Die Lübecker Knochenhaueraufstände von 1380/ 84 und ihre Voraussetzungen. Studien zur Sozialgeschichte in der zweiten Hälfte des 14. Jahrhunderts, in: Zeitschrift des Vereins für Lübeckische Geschichte und Altertumskunde 39 (1959), 123– 202.

32. F. BRAUDEL, Der Handel, München 1986.

33. N. BRÜBACH, Die Reichsmessen von Frankfurt am Main, Leipzig und Braunschweig (14.–18. Jahrhundert), Stuttgart 1994.

34. R. BURKART, Kommunikationswissenschaft. Grundlagen und Problemfelder, Wien/Köln/Weimar 1995.

35. P. BURKE, Information und Kommunikation im Europa der Frühen Neuzeit, in: Frühneuzeit-Info 2 (1991), 13–19.

36. J. BURKHARDT, Die Entdeckung des Handels. Die kommerzielle Welt in der Wissensordnung in der Frühen Neuzeit, in: Wirtschaft in Wissenschaft und Literatur. Drei Perspektiven aus historischer Sicht von Johannes Burkhardt, Helmut Koopmann und Henning Krauß, Augsburg 1993, 5–28.

37. J. BURKHARDT (Hrsg.), Augsburger Handelshäuser im Wandel des historischen Urteils, Berlin 1996.

38. F. CARON, L'évolution des transports terrestres en Europe (vers 1800– vers 1940), in: H. Van der Wee und E. Aerts (Hrsg.), Debates and Controversies in Economic History, Leuven 1990, 85–93.

39. P. CERWENKA, P. W. ROTH, Der Münzumlauf im 16. Jahrhundert im Raume des östlichen Österreich. Ein Anwendungsbeispiel der elektronischen Datenverarbeitung in der historischen Forschung, Graz 1972.

40. T. CHRISTMANN, Das Bemühen von Kaiser und Reich um die Vereinheitlichung des Münzwesens, Berlin 1988.

41. C. CIPOLLA, Money, Prices and Civilization in the Mediterranean World, Princeton 1956.

42. C. CIPOLLA, Le avventure della lira, Milano 1958.

43. A. F. COWAN, The Urban Patriciate: Lübeck and Venice 1580– 1700, Köln/Wien 1986.

44. P. COYM, Unternehmensfinanzierung im frühen 19. Jahrhundert – dargestellt am Beispiel der Rheinprovinz und Westfalens, Diss. Hamburg 1971.

45. T. Dahlerup, Kirche und Kredit, in: M. North (Hrsg.), Kredit im spätmittelalterlichen und frühneuzeitlichen Europa, Köln/Wien 1991, 171–180.

46. C. Dalhede, Zum Europäischen Ochsenhandel: Das Beispiel Augsburg 1560 und 1578, St. Katharinen 1992.

47. R. Davis, The Rise of the English Shipping Industry in the 17th and 18th Centuries, London 1962.

48. R. Davis, The Rise of the Atlantic Economies, London 1973.

49. J. Day, Great Bullion Famine of the Fifteenth Century, in: Past and Present 79 (1978), 3–54.

50. H. Dehne, Die Messe von Frankfurt an der Oder in der Zeit der merkantilistischen Wirtschaftspolitik Preußens im 18. Jahrhundert, Diss. Frankfurt 1923.

51. Denucé, Die Hanse und die Antwerpener Handelskompanien in den Ostseeländern, Antwerpen 1938.

52. M. A. Denzel, La Practia della Cambiatura. Europäischer Zahlungsverkehr vom 14. bis zum 17. Jahrhundert, Stuttgart 1994.

53. M. A. Denzel (Hrsg.), Währungen der Welt X. Geld- und Wechselkurse der deutschen Messeplätze Leipzig und Braunschweig (18. Jahrhundert bis 1823), Stuttgart 1994.

54. M. A. Denzel (Hrsg.), Währungen der Welt IX. Europäische Wechselkurse von 1383 bis 1620, Stuttgart 1995.

55. M. A. Denzel, Die Integration Deutschlands in das internationale Zahlungsverkehrssystem im 17. und 18. Jahrhundert, in: E. Schremmer (Hrsg.), Wirtschaftliche und soziale Integration in historischer Sicht, Stuttgart 1996, 58–109.

56. M. A. Denzel, Die Braunschweiger Messen als regionaler und überregionaler Markt im norddeutschen Raum in der zweiten Hälfte des 18. und im beginnenden 19. Jahrhundert, in: VSWG 85 (1998), 53–83.

57. A. Dietz, Frankfurter Handelsgeschichte, 4 Bde., Frankfurt 1910–1925.

58. V. Dorošenko, E. Harder-Gersdorff, Ost-Westhandel und Wechselgeschäfte zwischen Riga und westlichen Handelsplätzen: Lübeck, Hamburg, Bremen und Amsterdam (1758/59), in: Zeitschrift des Vereins für Lübeckische Geschichte und Altertumskunde 62 (1982), 120–147.

59. D. Ebeling, F. Irsigler, Getreideumsatz, Getreide- und Brotpreise in Köln 1368–1797, 2 Bde., Köln 1976/1977.

60. D. Ebeling, Der Holländer-Holzhandel in den Rheinlanden. Zu den Handelsbeziehungen zwischen den Niederlanden und dem

westlichen Deutschland im 17. und 18. Jahrhundert, Stuttgart 1992.

61. M. EDLIN-THIEME, Studien zur Geschichte des Münchner Handelsstandes im 18. Jahrhundert, Stuttgart 1969.
62. R. EHRENBERG, Hamburg und England im Zeitalter der Königin Elisabeth, Jena 1896.
63. R. EHRENBERG, Das Zeitalter der Fugger, 2 Bde., Jena 1896.
64. H. EICHHORN, Der Strukturwandel im Geldumlauf Frankens zwischen 1437 und 1610. Ein Beitrag zur Methodologie der Geldgeschichte, Wiesbaden 1973.
65. E. EISENSTEIN, The Printing Press as an Agent of Change, 2 Bde., Cambridge 1978.
66. R. S. ELKAR, Auf der Walz – Handwerkerreisen, in: H. Bausinger, K. Beyrer, G. Korff (Hrsg.), Reisekultur. Von der Pilgerfahrt zum modernen Tourismus, München 1991, 57–61.
67. X. VON ERTZDORFF, D. NEUKIRCH (Hrsg.), Reisen und Reiseliteratur im Mittelalter und in der Frühen Neuzeit, Amsterdam/Atlanta 1992.
68. W. FELDENKIRCHEN, Der Handel der Stadt Köln im 18. Jahrhundert (1700–1814), Diss. Bonn 1975.
69. G. FELLONI, Un système monétaire de marc dans les foires de change gènoises, XVIe–XVIIIe siècles, in: J. Day (Hrsg.), Etudes d'historie monétaire, Lille 1984, 249–260.
70. G. FELLONI, Kredit und Banken in Italien, 15.–17. Jahrhundert, in: M. North (Hrsg.), Kredit im spätmittelalterlichen und frühneuzeitlichen Europa, Köln 1991, 9–23.
71. A. FLÜGEL, Kaufleute und Manufakturen in Bielefeld. Sozialer Wandel und wirtschaftliche Entwicklung im proto-industriellen Leinengewerbe von 1680 bis 1850, Bielefeld 1993.
72. J. FRIED (Hrsg.), Die Frankfurter Messe. Besucher und Bewunderer. Literarische Zeugnisse aus ihren ersten acht Jahrhunderten, Frankfurt 1990.
73. P. GABRIELSSON, Struktur und Funktion der Hamburger Rentengeschäfte in der Zeit von 1471 bis 1490, Hamburg 1971.
74. R. GASCON, Grand Commerce et vie urbaine au XVIe siècle. Lyon et ses marchands, 2 Bde., Paris 1971.
75. B. GERBER, Jud Süß. Aufstieg und Fall im frühen 18. Jahrhundert, Hamburg 1990.
76. H.-J. GERHARD, K. H. KAUFHOLD, Preise im vor- und frühindustriellen Deutschland. Grundnahrungsmittel, Bd. 2, Göttingen 2000.

77. H.-J. GERHARD, Ursachen und Folgen der Wandlungen im Währungssystem des Deutschen Reiches 1500–1625. Eine Studie zu den Hintergründen der sogenannten Preisrevolution, in: E. Schremmer (Hrsg.), Geld und Währung vom 16. Jahrhundert bis zur Gegenwart, Stuttgart 1993, 69–84.

78. H.-J. GERHARD, Ein schöner Garten ohne Zaun. Die währungspolitische Situation des Deutschen Reiches um 1600, in: VSWG 81 (1994), 156–177.

79. H.-J. GERHARD, Neue Erkenntnisse zum Münzvergleich von Zinna. Wandlungen in der Währungsstruktur des Reiches in der 2. Hälfte des 17. Jahrhunderts, in: Ders. (Hrsg.), Struktur und Dimension (Festschrift Kaufhold), Bd. 1, Stuttgart 1997, 138–172.

80. K. GERTEIS, Das Postkutschenzeitalter. Bedingungen der Kommunikation im 18. Jahrhundert, in: Aufklärung 4 (1989), 55–78.

81. M. GIESECKE, Der Buchdruck in der Frühen Neuzeit. Eine historische Fallstudie über die Durchsetzung neuer Informations- und Kommunikationstechnologien, Frankfurt am Main 1991.

82. J. GILISSEN, The Notion of the Fair in the Light of the Comparative Method, in: La Foire, Brüssel 1953, 333–342.

83. B. GILLE, Histoire de la maison de Rothschild, 2 Bde., Geneve 1965–67.

84. H. GLASER, TH. WERNER, Die Post in ihrer Zeit. Eine Kulturgeschichte menschlicher Kommunikation, Heidelberg 1990.

85. CHR. GLASS, Mit Gütern unterwegs – Hausierhändler im 18. und 19. Jahrhundert, in: H. Bausinger, K. Beyrer, G. Korff (Hrsg.), Reisekultur. Von der Pilgerfahrt zum modernen Tourismus, München 1991, 62–69.

86. G. GLINSKI, Die Königsberger Kaufmannschaft des 17. und 18. Jahrhunderts, Marburg 1964.

87. R. GÖMMEL, Die Entwicklung der Wirtschaft im Zeitalter des Merkantilismus 1620–1800, München 1998.

88. O. GÖNNENWEIN, Das Stapel- und Niederlagerecht, Weimar 1939.

89. F. GÖTTMANN, Getreidemarkt am Bodensee. Raum – Wirtschaft – Politik – Gesellschaft (1650–1810), St. Katharinen 1991.

90. G. S. GRAMULLA, Handelsbeziehungen Kölner Kaufleute zwischen 1500 und 1650, Köln/Wien 1972.

91. A. GRASSMANN (Hrsg.), Lübeckische Geschichte, Lübeck 1988.

92. C. GRAVESTEIJN, Amsterdam and the Origins of Financial Journalism, in: M. North (Hrsg.), Kommunikationsrevolutionen. Die neuen Medien des 16. und 19. Jahrhunderts, Köln/Weimar/Wien 1995, 61–72.

93. M. HÄBERLEIN, „Die Tag und Nacht auff Fürkauff trachten". Augsburger Großkaufleute des 16. und beginnenden 17. Jahrhunderts in der Beurteilung ihrer Zeitgenossen und Mitbürger, in: J. Burkhardt (Hrsg.), Augsburger Handelshäuser im Wandel des historischen Urteils, Berlin 1996, 46–68.

94. M. HÄBERLEIN, Brüder, Freunde und Betrüger. Soziale Beziehungen, Normen und Konflikte in der Augsburger Kaufmannschaft um die Mitte des 16. Jahrhunderts, Berlin 1998.

95. B. HAGEDORN, Die Entwicklung der wichtigsten Schiffstypen bis ins 19. Jahrhundert, Berlin 1914.

96. E. J. HAMILTON, American Treasure and the Price Revolution in Spain, 1501–1650, Cambridge, Mass. 1934.

97. E. HARDER-GERSDORFF, Handelkonjunkturen und Warenbilanzen im lübeckisch-russischen Seeverkehr des 18. Jahrhunderts, in: VSWG 57 (1970), 15–45.

98. E. HARDER-GERSDORFF, Zwischen Riga und Amsterdam: Die Geschäfte des Herman Fromhold mit Frederik Beltgens & Comp., 1783–1785, in: The Interactions between Antwerp and Amsterdam with the Baltic Region, 1400–1800, Leiden 1986, 171–180.

99. E. HARDER-GERSDORFF, Aus Rigaer Handlungsbüchern (1783–1785): Geld, Währung und Wechseltechnik im Ost-West-Geschäft der frühen Neuzeit, in: E. Schremmer (Hrsg.), Geld und Währung vom 16. Jahrhundert bis zur Gegenwart, Stuttgart 1993, 105–120.

100. H. HAUSER, La response de Jean Bodin à M. de Malestroit 1568, Paris 1932.

101. H.-D. HEIMANN, Neue Perspektiven für die Geschichte der Post. Zur Methode der Postgeschichte und ihrem operativen Verhältnis zur allgemeinen Geschichtswissenschaft in Verbindung mit einem Literaturbericht zum „Postjubiläum 1490–1990", in: HZ 253 (1991), 661–674.

102. J.-J. HEIRWEGH, Transports intérieurs et communication an cours de la période pré-industrielle, in: H. Van der Wee und E. Aerts (Hrsg.), Debates and Controversies in Economic History, Leuven 1990, 71–76.

103. F.-W. HENNING, Handbuch der Wirtschafts- und Sozialgeschichte Deutschlands, Bd. 1: Deutsche Wirtschafts- und Sozialgeschichte im Mittelalter und in der frühen Neuzeit, Paderborn 1991.

104. K. HERBERS, Unterwegs zu heiligen Stätten – Pilgerfahrten, in: H. Bausinger, K. Beyrer, G. Korff (Hrsg.), Reisekultur. Von der Pilgerfahrt zum modernen Tourismus, München 1991, 23–31.

105. R. HILDEBRANDT, Die „Georg Fuggerschen Erben". Kaufmänni-
    sche Tätigkeit und sozialer Status 1555–1600, Berlin 1966.

106. R. HILDEBRANDT, Diener und Herren. Zur Anatomie großer Unter-
    nehmen im Zeitalter der Fugger, in: J. Burkhardt (Hrsg.), Augs-
    burger Handelshäuser im Wandel des historischen Urteils, Berlin
    1996, 149–174;

107. R. HILDEBRANDT, Unternehmensstrukturen im Wandel. Familien-
    und Kapitalgesellschaften vom 15. bis 17. Jahrhundert, in: H.-J.
    Gerhard (Hrsg.), Struktur und Dimension (Festschrift Kaufhold),
    Bd. 1, Stuttgart 1997, 93–110.

108. J. HOOCK, P. JEANNIN, Ars Mercatoria, 2 Bde., Paderborn 1991–93.

109. P. ILISCH, Münzfunde und Geldumlauf in Westfalen in Mittelalter
    und Neuzeit. Numismatische Untersuchungen und Verzeichnis
    der Funde in den Regierungsbezirken Arnsberg und Münster,
    Münster 1974.

110. F. IRSIGLER, Der hansische Handel im Spätmittelalter, in: J. Brak-
    ker, V. Henn und R. Postel (Hrsg.), Die Hanse. Lebenswirklich-
    keit und Mythos, Lübeck ²1998, 700–721.

111. J. ISRAEL, Dutch Primacy in World Trade, 1585–1740, Oxford
    1989.

112. G. JARITZ, A. MÜLLER (Hrsg.), Migration in der Feudalgesell-
    schaft, Wien 1988.

113. P. JEANNIN, Lübecker Handelsunternehmungen um die Mitte des
    16. Jahrhunderts, in: Zeitschrift des Vereins für Lübeckische Ge-
    schichte und Altertumskunde 43 (1963), 19–67.

114. P. JEANNIN, Les instruments de credit dans l'espace hanséatique au
    XVIe siècle, in: A. V. Marx (Hrsg.), Credito, banche e investa-
    menti, secoli XIII–XX, Firenze 1985, 59–62.

115. P. JEANNIN, De l'arithmétique commerciale à la pratique bancaire:
    L'escompte aux XVIe–XVIIe siècles, in: Banchi pubblici, banchi
    privati e monti di pietà nell'Europa preindustriale, Bd. 1, Genova
    1991, 95–116.

116. S. JENKS, War die Hanse kreditfeindlich?, in: VSWG 69 (1982),
    305–338.

117. S. JENKS, Hartgeld und Wechsel im hansisch-englischen Handel
    des 15. Jahrhunderts, in: M. North (Hrsg.), Geldumlauf, Wäh-
    rungssysteme und Zahlungsverkehr in Nordwesteuropa 1300–
    1800, Köln 1989, 125–66.

118. S. JENKS, Kredit im Londoner Außenhandel um die Mitte des
    15. Jahrhunderts, in: M. North (Hrsg.), Kredit im spätmittelalter-
    lichen und frühneuzeitlichen Europa, Köln 1991, 71–102.

119. W. JESSE, Der Wendische Münzverein, Braunschweig ²1968.
120. W. JOCHMANN, H.-D. LOOSE (Hrsg.), Hamburg: Geschichte der Stadt und ihre Bewohner, Hamburg 1982.
121. P. JOHANEK, H. STOOB (Hrsg.), Europäische Messen und Märktesysteme in Mittelalter und Neuzeit, Köln/Weimar/Wien 1996.
122. K. H. KAUFHOLD, Gewerbelandschaften in der Frühen Neuzeit (1650–1800), in: H. Pohl (Hrsg.), Gewerbe- und Industrielandschaften vom Spätmittelalter bis ins 20. Jahrhundert, Stuttgart 1986, 112–202.
123. K. H. KAUFHOLD, Der Übergang zu Fonds- und Wechselbörsen vom ausgehenden 17. Jahrhundert bis zum ausgehenden 18. Jahrhundert, in: H. Pohl (Hrsg.), Deutsche Börsengeschichte, Frankfurt 1992, 79–132.
124. K. H. KAUFHOLD, Deutschland 1650–1850, in: Handbuch der Europäischen Wirtschafts- und Sozialgeschichte, Bd. 4, Stuttgart 1993, 523–588.
125. K. H. KAUFHOLD, Messen und Wirtschaftsausstellungen von 1650 bis 1914, in: P. Johanek, H. Stoob (Hrsg.), Europäische Messen und Märktesysteme in Mittelalter und Neuzeit, Köln/Weimar/Wien 1996, 239–294.
126. H. KELLENBENZ, Unternehmerkräfte im Hamburger Portugal- und Spanienhandel 1590–1625, Hamburg 1954.
127. H. KELLENBENZ, Sephardim an der unteren Elbe: ihre wirtschaftliche und politische Bedeutung vom Ende des 16. bis zum Beginn des 18. Jahrhunderts, Wiesbaden 1958.
128. H. KELLENBENZ, Die westeuropäische Konkurrenz in der Nordmeerfahrt bis ins 17. Jahrhundert, in: VSWG 47 (1960), 474–497.
129. H. KELLENBENZ (Hrsg.), Schwerpunkte der Kupferproduktion und des Kupferhandels in Europa 1500–1650, Wien/Köln 1977.
130. H. KELLENBENZ, Deutsche Wirtschaftsgeschichte, Bd. 1, München 1977.
131. H. KELLENBENZ, Hamburg und die französisch-schwedische Zusammenarbeit im Dreißigjährigen Krieg, in: H. Rudolf (Hrsg.), Der Dreißigjährige Krieg. Perspektiven und Strukturen, Darmstadt 1977, 267–297.
132. H. KELLENBENZ, R. WALTER, Das Deutsche Reich 1350–1650, in: Handbuch der europäischen Wirtschafts- und Sozialgeschichte, Bd. 3, Stuttgart 1986, 822–893.
133. H. KELLENBENZ, Landverkehr, Fluß- und Seeschiffahrt im europäischen Handel (Spätmittelalter bis Anfang des 19. Jahrhun-

derts), in: Ders., Europa. Raum wirtschaftlicher Begegnung, Stuttgart 1991, 327–441.

134. B. Kirchgässner, Zur Geschichte und Bedeutung der Order-Klausel am südwestdeutschen Kapitalmarkt im 14. und 15. Jahrhundert, in: Wirtschaftskräfte und Wirtschaftszweige, Bd. 1: Mittelmeer und Kontinent (Festschrift Kellenbenz), Wiesbaden 1978, 373–386.

135. W. Kirchner, Deutsch-russische Wirtschaftsbeziehungen im 17. Jahrhundert, in: VSWG 76 (1989), 153–184.

136. E. Klein, Von den Anfängen bis zum Ende des alten Reiches (1806), in: Deutsche Bankengeschichte, Bd. 1, Frankfurt 1982.

137. L. Knabe, Die Messen zu Frankfurt an der Oder und ihre Bedeutung für den Ost-West-Handel, in: Heimatkunde und Landesgeschichte (Festschrift Lehmann), Weimar 1958, 204–239.

138. R. Koch (Hrsg.), Brücke zwischen den Völkern. Zur Geschichte der Frankfurter Messe, 3 Bde. (Bd. 1: H. Pohl (Hrsg.), Frankfurt im Messenetz Europas. Erträge der Forschung), Frankfurt 1991.

139. H.-J. Köhler (Hrsg.), Flugschriften als Massenmedium der Reformationszeit, Stuttgart 1981.

140. E.-B. Körber, Öffentlichkeiten der Frühen Neuzeit. Teilnehmer, Formen, Institutionen und Entscheidungen öffentlicher Kommunikation im Herzogtum Preußen von 1525 bis 1618, Berlin/New York 1998.

141. D. Koutna-Karg, Die Ehre der Fugger. Zum Selbstverständnis einer Familie, in: J. Burkhardt (Hrsg.), Augsburger Handelshäuser im Wandel des historischen Urteils, Berlin 1996, 87–106.

142. W. Kresse, Materialen zur Entwicklungsgeschichte der Hamburger Handelsflotte 1765–1823, Hamburg 1966.

143. P. Kriedte, H. Medick, J. Schlumbohm, Industrialisierung vor der Industrialisierung. Gewerbliche Warenproduktion auf dem Land in der Formationsperiode des Kapitalismus, Göttingen 1977.

144. P. Kriedte, Spätfeudalismus und Handelskapital. Grundlinien der europäischen Wirtschaftsgeschichte vom 16. bis zum Ausgang des 18. Jahrhunderts, Göttingen 1980.

145. P. Kriedte, Vom Großhändler zum Detaillisten. Der Handel mit Kolonialwaren im 17. und 18. Jahrhundert, in: Jahrbuch für Wirtschaftsgeschichte 1 (1994), 11–36.

146. P. Kriedte, Trade, in: S. Ogilvie (Hrsg.), Germany. A New Social and Economic History, 1630–1800, Bd. 2, London/New York 1996, 100–133.

147. W. KUHOFF, Augsburger Handelshäuser und die Antike, in: J. Burkhardt (Hrsg.), Augsburger Handelshäuser im Wandel des historischen Urteils, Berlin 1996, 258–276.

148. A. KUNZ, J. AMSTRONG (Hrsg.), Inland Navigation and Economic Development in Nineteenth-Century Europe, Mainz 1995.

149. R. KUSCH, Handelskapital und Manufaktur im Spätfeudalismus. Das Beispiel Stralsund (1720–1815), in: JbWG 1986, H. 4, 119–142.

150. M. KUTZ, Deutschlands Außenhandel von der Französischen Revolution bis zur Gründung des Zollvereins, Wiesbaden 1974.

151. F. LANE, R. C. MUELLER, Money and Banking in Medieval and Renaissance Venice, I: Coins and Money of Account, Baltimore 1985.

152. E. VON LEHE, Die Märkte Hamburgs von den Anfängen bis in die Neuzeit, Wiesbaden 1966.

153. M. LINDEMANN, Deutsche Presse bis 1815. Geschichte der deutschen Presse, Teil 1, Berlin 1969.

154. M. LINDEMANN, Nachrichtenübermittlung durch Kaufmannsbriefe. Brief-„Zeitungen" in der Korrespondenz Hildebrand Vekkinchusens (1398–1428), München/New York 1978.

155. M. LINK, Der Reisebericht als literarische Kunstform von Goethe bis Heine, Diss. Köln 1963.

156. TH. LINK, Flensburgs Überseehandel von 1755–1807, Neumünster 1959.

157. K.-J. LORENZEN-SCHMIDT, Umfang und Dynamik des Hamburger Rentenmarktes zwischen 1471 und 1570, in: ZHG 65 (1979), 21–52.

158. K.-J. LORENZEN-SCHMIDT, Kaufmannskredite in nordwestdeutschen Städten im 15. und 16. Jahrhundert, in: M. North (Hrsg.), Kredit im spätmittelalterlichen und frühneuzeitlichen Europa, Köln/Wien 1991, 121–131.

159. H. LÜTHY, La Banque Protestante en France de la Révocation de l'Edit de Nantes à la Révolution, 2 Bde., Paris 1959–1961.

160. N. LUHMANN, Soziale Systeme. Grundriß einer allgemeinen Theorie, Frankfurt 1984.

161. A. LUTTENBERGER, Pracht und Ehre. Gesellschaftliche Repräsentation und Zeremoniell auf dem Reichstag, in: A. Kohler und H. Lutz (Hrsg.), Alltag im 16. Jahrhundert, München 1987, 291–326.

162. A. MĄCZAK, Ceny, płace i koszty utrzymania w Europie Środkowej. W poszukiwaniu nowych źródeł dla dziejów XVI wieku (Preise, Löhne und Unterhaltskosten in Mitteleuropa. Auf der

Suche nach neuen Quellen für die Geschichte des 16. Jahrhunderts), in: Przegląd Historyczny (1973), 741–769.

163. A. MĄCZAK, Zu einigen vernachlässigten Fragen der Geschichtsschreibung über das Reisen in der Frühen Neuzeit, in: A. Mączak, H. J. Teuteberg (Hrsg.), Reiseberichte als Quellen europäischer Kulturgeschichte. Aufgaben und Möglichkeiten der historischen Reiseforschung, Wolfenbüttel 1982, 315–323.

164. F. MATHIS, Die deutsche Wirtschaft im 16. Jahrhundert, München 1992.

165. H. MAUERSBERG, Wirtschafts- und Sozialgeschichte zentraleuropäischer Städte in neuerer Zeit. Dargestellt an den Beispielen von Basel, Frankfurt am Main, Hamburg, Hannover und München, Göttingen 1960.

166. M. MAURER (Hrsg.), Neue Impulse der Reiseforschung, Berlin 1999.

167. J. J. McCUSKER, Money and Exchange in Europe and America, 1600–1775, London 1978.

168. J. J. McCUSKER, C. GRAVESTEIJN, The Beginnings of Commercial and Financial Journalism. The Commodity Price Currents, and Money Currents of Early Modern Europe, Amsterdam 1991.

169. B. MERTENS, Im Kampf gegen die Monopole. Reichstagsverhandlungen und Monopolprozesse im frühen 16. Jahrhundert, Tübingen 1996.

170. R. METZ, Geld, Währung und Preisentwicklung. Der Niederrheinraum im europäischen Vergleich, Frankfurt 1990.

171. C. MEYER-STOLL, Die lübeckische Kaufmannschaft des 17. Jahrhunderts unter wirtschafts- und sozialgeschichtlichen Aspekten, Frankfurt 1989.

172. M. MÖHRING, 175 Jahre Conrad Heinrich Donner, Hamburg 1973;

173. O. MÖRKE, Pamphlet und Propaganda. Politische Kommunikation und technische Innovation in Westeuropa in der Frühen Neuzeit, in: M. North (Hrsg.), Kommunikationsrevolutionen. Die neuen Medien des 16. und 19. Jahrhunderts, Köln/Weimar/Wien 1995, 15–32.

174. P. MORAW, Reisen im europäischen Spätmittelalter im Licht der neueren historischen Forschung, in: X. von Ertzdorff, D. Neukirch (Hrsg.), Reisen und Reiseliteratur im Mittelalter und in der Frühen Neuzeit, Amsterdam/Atlanta 1992, 113–139.

175. M. MORINEAU, Die holländischen Zeitungen des 17. und 18. Jahrhunderts, in: M. North (Hrsg.), Kommunikationsrevolutionen, Köln/Weimar/Wien 1995, 33–43.

176. A. MÜLLER, Mobilität – Interaktion – Kommunikation. Sozial- und alltagsgeschichtliche Bemerkungen anhand von Bespielen aus dem spätmittelalterlichen und frühneuzeitlichen Österreich, in: Kommunikation und Alltag in Spätmittelalter und Früher Neuzeit, Wien 1992, 219–249.

177. R. C. MUELLER, The Venetian Money Market: Banks, Panics and the Public Debt 1200–1500, Baltimore/London 1997.

178. J. H. MUNRO, Wool, Cloth and Gold: The Struggle for Bullion in Anglo-Burgundian Trade, 1340–1478, Bruxelles 1973.

179. J. H. MUNRO, Bullion Flows and Monetary Contraction in Late-Medieval England and the Low Countries, in: J. F. Richards (Hrsg.), Precious Metals in the Later Medieval and Early Modern Worlds, Durham, N. C., 1983, 97–158.

180. J. H. MUNRO, The Central European Silver Mining Boom, Mint Outputs, and Prices in the Low Countries and England, 1450–1550, in: E. Van Cauwenberghe (Hrsg.), Money, Coins and Commerce: Essays in the Monetary History of Asia and Europe, Leuven 1991, 119–183.

181. J. H. MUNRO, Die Anfänge der Übertragbarkeit: einige Kreditinnovationen im englisch-flämischen Handel des Spätmittelalters (1360–1540), in: M. North (Hrsg.), Kredit im spätmittelalterlichen und frühneuzeitlichen Europa, Köln/Wien 1991, 39–69.

182. J. H. MUNRO, Bullion Flows and Monetary Policies in England and the Low Countries, 1650–1500, Hampshire 1992.

183. J. H. MUNRO, Inhaber-Klausel, in: M. North (Hrsg.), Von Aktie bis Zoll. Ein historisches Lexikon des Geldes, München 1995, 171–172.

184. J. H. MUNRO, Inhaber-Schuldschein, in: M. North (Hrsg.), Von Aktie bis Zoll. Ein historisches Lexikon des Geldes, München 1995, 172–174.

185. J. H. MUNRO, Wechsel, in: M. North (Hrsg.), Von Aktie bis Zoll. Ein historisches Lexikon des Geldes, München 1995, 413–416.

186. M. NEUMANN, Geschichte des Wechsels im Hansagebiete bis zum 17. Jahrhundert, in: Zeitschrift für das gesamte Handelsrecht 7, Beiheft, Erlangen 1863.

187. C. NEUTSCH, Reisen um 1800. Reiseliteratur über das Rheinland und Westfalen als Quelle einer sozial- und wirtschaftsgeschichtlichen Reiseforschung, St. Katharinen 1990.

188. C. NEUTSCH, Die Kunst, seine Reisen wohl einzurichten – Gelehrte und Enzyklopädisten, in: H. Bausinger, K. Beyrer, G. Korff

(Hrsg.), Reisekultur. Von der Pilgerfahrt zum modernen Tourismus, München 1991, 146–152.

189. C. NEUTSCH, H. WITTHÖFT, Kaufleute zwischen Markt und Messen, in: H. Bausinger, K. Beyrer, G. Korff (Hrsg.), Reisekultur. Von der Pilgerfahrt zum modernen Tourismus, München 1991, 75–82.

190. G. NORTH, Die Post. Ihre Geschichte in Wort und Bild, Heidelberg 1989.

191. G. NORTH, Eine Revolution im Reiseverkehr – Die Schnellpost, in: H. Bausinger, K. Beyrer, G. Korff (Hrsg.), Reisekultur. Von der Pilgerfahrt zum modernen Tourismus, München 1991, 291–297.

192. M. NORTH (Hrsg.), Geldumlauf, Währungssysteme und Zahlungsverkehr in Nordwesteuropa 1300–1800, Köln 1989.

193. M. NORTH, Geldumlauf und Wirtschaftskonjunktur im südlichen Ostseeraum an der Wende zur Neuzeit (1440–1570). Untersuchungen zur Wirtschaftsgeschichte am Beispiel des Großen Lübecker Münzschatzes, der norddeutschen Münzfunde und der schriftlichen Überlieferung, Sigmaringen 1990.

194. M. NORTH (Hrsg.), Kredit im spätmittelalterlichen und frühneuzeitlichen Europa, Köln 1991.

195. M. NORTH, Nachrichtenübermittlung und Kommunikation in norddeutschen Hansestädten im Spätmittelalter und der Frühen Neuzeit, in: Archiv für deutsche Postgeschichte 1991, H. 2, 8–16.

196. M. NORTH, Banking and Credit in Northern Germany in the 15th and 16th Centuries, in: Banchi pubblici, banchi privati e monti di pieta nell'Europa preindustriale, Bd. 2, Genova 1991, 810–826.

197. M. NORTH, Das Geld und seine Geschichte. Vom Mittelalter bis zur Gegenwart, München 1994.

198. M. NORTH (Hrsg.), Kommunikationsrevolutionen. Die neuen Medien des 16. und 19. Jahrhunderts, Köln/Weimar/Wien 1995.

199. M. NORTH (Hrsg.), Von Aktie bis Zoll. Ein historisches Lexikon des Geldes, München 1995.

200. M. NORTH, Englische Reiseberichte des 17. Jahrhunderts als Quelle zur Geschichte der königlich-preußischen Städte Danzig, Elbing und Thorn, in: Ders., From the North Sea to the Baltic, Aldershot 1996, XIX: 197–208.

201. M. NORTH, Von den Warenmessen zu den Wechselmessen. Grundlagen des europäischen Zahlungsverkehrs in Spätmittelalter und Früher Neuzeit, in: P. Johanek, H. Stoob (Hrsg.), Europäische Messen und Märktesysteme in Mittelalter und Neuzeit, Köln/Weimar/Wien 1996, 223–238.

202. M. NORTH, Medien und Kommunikation in der Frühen Neuzeit, in: R. S. Elkar, C. Neutsch, K. J. Roth und J. H. Schawacht (Hrsg.), Vom rechten Maß der Dinge (Festschrift Witthöft), St. Katharinen 1996, 679–689.

203. M. NORTH, Hamburg: The Continent's Most English City, in: Ders. (Hrsg.), From the North Sea to the Baltic. Essays in Commercial, Monetary and Agrarian History, 1500–1800, Aldershot 1996, VI: 1–13.

204. M. NORTH, German Sailors, 1650–1900, in: Research in Maritime History 13 (1997), 253–266.

205. M. NORTH, The Great German Banking Houses and International Merchants, Sixteenth to Nineteenth Century, in: A. Teichova, G. Kurgan-van Hentenryk, D. Ziegler (Hrsg.), Banking, Trade and Industry. Europe, America and Asia from the Thirteenth to the Twentieth Century, Cambridge 1997, 35–49.

206. M. NORTH, Kunst und bürgerliche Repräsentation, in: HZ 267 (1998), 29–56.

207. M. NORTH, Kreditinstrumente in Westeuropa und im Hanseraum, in: N. Jörn, D. Kattinger, H. Wernicke (Hrsg.), „kopet uns werk by tyden" (Festschrift Stark), Schwerin 1999, 43–46.

208. M. NORTH, Das Bild des Kaufmanns, in: M. Schwarze (Hrsg.), Der neue Mensch. Perspektiven der Renaissance, Regensburg 2000, S. 233–257.

209. N. OHLER, Reisen im Mittelalter, Düsseldorf 1986.

210. K.-F. OLECHNOWITZ, Handel und Seeschiffahrt der späten Hanse, Weimar 1965.

211. U.-C. PALLACH, Materielle Kultur und Mentalitäten im 18. Jahrhundert: wirtschaftliche Entwicklung und politisch-sozialer Funktionswandel des Luxus in Frankreich und im Alten Reich am Ende des Ancien Régime, München 1987.

212. W. PAULI, Über die frühere Bedeutung Lübecks als Wechselplatz des Nordens, in: Lübeckische Zustände im Mittelalter, Bd. 2, Lübeck 1872, 98–145.

213. M.-L. PELUS, Wolter von Holsten marchand Lubeckois dans la seconde moitié du seizième siècle. Contribution à l'étude des relations commerciales entre Lübeck et les villes livoniennes, Köln/Wien 1981.

214. L.-F. PETERS, Der Handel Nürnbergs am Anfang des Dreißigjährigen Krieges, Stuttgart 1994.

215. R. PIEPER, Die Preisrevolution in Spanien (1500–1640). Neuere Forschungsergebnisse, Wiesbaden 1985.

216. R. PIEPER, Die Vermittlung einer Neuen Welt. Amerika im Nachrichtennetz des habsburgischen Imperiums (1493–1598), Habil.-Schrift Hamburg 1993.

217. R. PIEPER, Informationszentren im Vergleich. Die Stellung Venedigs und Antwerpens im 16. Jahrhundert, in: M. North (Hrsg.), Kommunikationsrevolutionen. Die neuen Medien des 16. und 19. Jahrhunderts, Köln/Weimar/Wien 1995, 45–60.

218. R. PIEPER, Amerikanische Edelmetalle in Europa (1492–1621). Ihr Einfluß auf die Verwendung von Gold und Silber, in: JbLA Bd. 32 (1995), 178–188.

219. R. PLÖTZ, Wallfahrten, in: H. Bausinger, K. Beyrer, G. Korff (Hrsg.), Reisekultur. Von der Pilgerfahrt zum modernen Tourismus, München 1991, 31–38.

220. G. FREIHERR VON PÖLNITZ, Jakob Fugger. Kaiser, Kirche und Kapital in der oberdeutschen Renaissance, 2 Bde., Tübingen 1949/51.

221. G. FREIHERR VON PÖLNITZ, Anton Fugger, 5 Bde., Tübingen 1958–1986.

222. H. POHL, Die Beziehungen Hamburgs zu Spanien und dem spanischen Amerika in der Zeit von 1740–1806, Wiesbaden 1963.

223. H. POHL (Hrsg.), Die Auswirkungen von Zöllen und anderen Handelshemmnissen auf Wirtschaft und Gesellschaft vom Mittelalter bis zur Gegenwart, Stuttgart 1987.

224. H. POHL(Hrsg.), Die Bedeutung der Kommunikation für Wirtschaft und Gesellschaft, Stuttgart 1989.

225. H. POHL (Hrsg.), Deutsche Börsengeschichte, Frankfurt 1992.

226. H. POHL (Hrsg.), Europäische Bankengeschichte, Frankfurt 1993.

227. M. POHL, Hamburger Bankengeschichte, Mainz 1986.

228. M. POSTAN, Some Economic Evidence of Declining Population in the Later Middleages, in: EHR, 2. Ser. 2 (1950), 221–246.

229. R. PRANGE, Die bremische Kaufmannschaft des 16. und 17. Jahrhunderts in sozialgeschichtlicher Betrachtung, Bremen 1963.

230. H. PROSS, Medienforschung, Darmstadt 1972.

231. H. PROSS, Geschichte und Mediengeschichte, in: M. Bobrowsky, W. Duchkowitsch, H. Haas (Hrsg.), Medien- und Kommunikationsgeschichte, Wien 1987, 8–22.

232. H. RACHEL, P. WALLICH, Berliner Großkaufleute und Kapitalisten, Berlin 1967.

233. G. D. RAMSAY, English Overseas Trade during the Centuries of Emergence, London 1957.

234. W. REINHARD, Geschichte der europäischen Expansion, 4 Bde., Stuttgart 1983–1990.

235. W. REINHARD, Augsburger Eliten des 16. Jahrhunderts. Prosopographie wirtschaftlicher und politischer Führungsgruppen 1500–1620, Berlin 1996.

236. J. REINHOLD, Polen/Litauen auf den Leipziger Messen des 18. Jahrhunderts, Weimar 1971.

237. M. REISSMANN, Die hamburgische Kaufmannschaft des 17. Jahrhunderts in sozialhistorischer Sicht, Hamburg 1975.

238. K. RICHTER, Untersuchungen zur Hamburger Wirtschafts- und Sozialgeschichte unter besonderer Berücksichtigung der städtischen Rentengeschäfte 1291–1330, Hamburg 1971.

239. F. RÖHLK, Schiffahrt und Handel zwischen Hamburg und den Niederlanden in der zweiten Hälfte des 18. und zu Beginn des 19. Jahrhunderts, Wiesbaden 1973.

240. R. De ROOVER, The Commercial Revolution of the Thirteenth Century, in: Bulletin of the Business Historical Society 16 (1942), 34–39.

241. R. De ROOVER, Money, Banking and Credit in Mediaeval Bruges, Cambridge, Mass., 1948.

242. R. De ROOVER, L'èvolution de la lettre de change, XIVe–XVIIIe siècles, Paris 1953.

243. R. De ROOVER, Rise and Decline of the Medici Bank, 1397–1494, Cambridge, Mass., 1963.

244. P. ROTH, Die Kipper- und Wipper-Zeit in den Habsburgischen Ländern, 1620 bis 1623, in: E. Schremmer (Hrsg.), Geld und Währung vom 16. Jahrhundert bis zur Gegenwart, Stuttgart 1993, 85–103.

245. TH. M. SAFLEY, Die Fuggerfaktoren Hörmann von und zu Gutenberg. Werte und Normen einer kaufmännischen Familie im Übergang zum Landadel, in: J. Burkhardt (Hrsg.), Augsburger Handelshäuser im Wandel des historischen Urteils, Berlin 1996, 118–129.

246. H. SAMSONOWICZ, Untersuchungen über das Danziger Bürgerkapital in der zweiten Hälfte des 15. Jahrhunderts, Weimar 1969.

247. J. SCHILDHAUER, Zur Verlagerung des See- und Handelsverkehrs im nordeuropäischen Raum während des 15. und 16. Jahrhunderts, in: JbWG 1968, H. 4, 192–206.

248. J. SCHILDHAUER, Der Seehandel Danzigs im 16. Jahrhundert und die Verlagerung des Warenverkehrs im nord- und mitteleuropäischen Raum, in: JbWG 1970, H. 3, 155–178.

249. U. SCHIRMER, Die Leipziger Messen in der ersten Hälfte des 16. Jahrhunderts. Ihre Funktion als Silberhandels- und Finanzplatz der Kurfürsten von Sachsen, in: H. Zwahr, Th. Topfstedt, G. Bentele (Hrsg.), Leipzigs Messen 1497–1997, Bd. 1, Köln/Weimar/Wien 1999, 87–107.

250. D. SCHLEINERT, Die Ausbildung der Gutswirtschaft bis zum Dreißigjährigen Krieg. Untersucht am Beispiel des Herzogtums Pommern-Wolgast, Diss.-phil., Greifswald 1999.

251. R. SCHLÖGL, Bauern, Krieg und Staat. Oberbayerische Bauernwirtschaft und frühmoderner Staat im 17. Jahrhundert, Göttingen 1988.

252. E. SCHMITT (Hrsg.), Dokumente zur Geschichte der europäischen Expansion, 4 Bde., München 1984–1988.

253. M. SCHMÖLZ-HÄBERLEIN, „Voll Feuerdrang nach ausgezeichneter Wirksamkeit" – die Gebrüder von Obwexer, Johann Heinrich von Schüle und die Handelsstadt Augsburg im 18. Jahrhundert, in: J. Burkhardt (Hrsg.), Augsburger Handelshäuser im Wandel des historischen Urteils, Berlin 1996, 130–146.

254. H. SCHNEE, Die Hoffinanz und der moderne Staat. Geschichte und System der Hoffaktoren an deutschen Fürstenhöfen im Zeitalter des Absolutismus, 5 Bde., Berlin 1953–1965.

255. J. SCHNEIDER, Hat das Indossament zum Niedergang der Wechselmessen im 17. und 18. Jahrhundert beigetragen, in: M. North (Hrsg.), Geldumlauf, Währungssysteme und Zahlungsverkehr in Nordwesteuropa 1300–1800, Köln 1989, 183–193.

256. J. SCHNEIDER, Messen, Banken und Börsen (15.–18 Jahrhundert), in: Banchi pubblici, banchi private e monti di pietà nell'Europa preindustriale, Bd. 1, Genova 1991.

257. J. SCHNEIDER, O. SCHWARZER, F. ZELLFELDER (Hrsg.), Währungen der Welt, Bd. 1: Europäische und nordamerikanische Devisenkurse 1777–1914, Stuttgart 1991.

258. J. SCHNEIDER, O. SCHWARZER, F. ZELLFELDER, M. A. DENZEL (Hrsg.), Währungen der Welt, Bd. 4: Asiatische und australische Devisenkurse im 19. Jahrhundert, Stuttgart 1992.

259. J. SCHNEIDER, O. SCHWARZER, F. ZELLFELDER, M. A. DENZEL (Hrsg.), Währungen der Welt, Bd. 6: Geld und Währungen in Europa im 18. Jahrhundert, Stuttgart 1992.

260. J. SCHNEIDER, Zur Bedeutung von Börsen. Ein Forschungskonzept, dargestellt am Beispiel der Hamburger Börse (16.–19. Jahrhundert), in: M. North (Hrsg.), Nordwesteuropa in der Weltwirtschaft 1750–1950, Stuttgart 1993, 245–256.

261. J. SCHNEIDER, O. SCHWARZER, M. A. DENZEL (Hrsg.), Währungen der Welt III. Europäische Wechselkurse im 17. Jahrhundert, Stuttgart 1994.

262. K. SCHNEIDER, Hamburg während der Kipper- und Wipperzeit, in: ZHG 67 (1981), 47–74.

263. K. SCHNEIDER, Frankfurt und die Kipper- und Wipperinflation der Jahre 1619–1623, Frankfurt 1990.

264. K. SCHNEIDER, Die Münz- und Währungspolitik des oberrheinischen Reichskreises im 18. Jahrhundert, Koblenz 1995.

265. K. SCHNEIDER, Kipper- und Wipperzeit, in: M. North, Von Aktie bis Zoll. Ein historisches Lexikon des Geldes, München 1995, 191–192.

266. E. SCHREMMER, Beginnender Strukturwandel im Transportgewerbe an der Wende zum 19. Jahrhundert. Selbstsubventioniertes bäuerliches Fuhrwesen im Nebenberuf oder kostendeckendes hauptberufliches Transportgewerbe in landesherrlicher Regie, in: D. Albrecht, A. Kraus, K. Reindel (Hrsg.), Festschrift für M. Spindler, München 1969, 577–591.

267. E. SCHREMMER, Die Wirtschaft Bayerns. Vom hohen Mittelalter bis zum Beginn der Industrialisierung, München 1970.

268. E. SCHREMMER (Hrsg.), Geld und Währung vom 16. Jahrhundert bis zur Gegenwart, Stuttgart 1993.

269. E. SCHREMMER (Hrsg.), Wirtschaftliche und soziale Integration in historischer Sicht, Stuttgart 1996.

270. F. VON SCHRÖTTER, Das preußische Münzwesen im 18. Jahrhundert, Münzgeschichtlicher Teil, 4 Bde., Berlin 1904–13.

271. J. SCHÜTTENHELM, Der Geldumlauf im südwestdeutschen Raum vom Riedlinger Münzvertrag 1423 bis zur ersten Kipperzeit 1618. Eine statistische Münzfundanalyse unter Anwendung der elektronischen Datenverarbeitung, Stuttgart 1987.

272. H. SCHWARZWÄLDER, Reisebeschreibungen des 18. Jahrhunderts über Norddeutschland. Verfasser – Entwicklung – geistiger Standpunkt, in: W. Griep, H. W. Jäger (Hrsg.), Reise und soziale Realität am Ende des 18. Jahrhunderts, Heidelberg 1983, 127–168.

273. K. H. SCHWEBEL, Bremer Kaufleute in den Freihäfen der Karibik von den Anfängen des Bremer Überseehandel bis 1815, Bremen 1995.

274. W. SCHWINKOWSKI, Die Reichsmünzreformbestrebungen in den Jahren 1665–1670, in: VSWG 14 (1918), 1–87.

275. G. SEIBOLD, Die Viatis und Peller. Beiträge zur Geschichte ihrer Handelsgesellschaft, Köln/Wien 1977.

276. W. Siebers, Ungleiche Lehrfahrten- Kavaliere und Gelehrte, in: H. Bausinger, K. Beyer, G. Korff (Hrsg.), Reisekultur. Von der Pilgerfahrt zum modernen Tourismus, München 1991, 47–57.

277. H. Sieveking, Die Hamburger Bank, in: J. G. van Dillen (Hrsg.), History of the Principal Public Banks, The Hague 1934, 125–163.

278. W. Sombart, Der Moderne Kapitalismus, 2 Bde., München/Leipzig ²1916–1917.

279. K.-H. Spiess, I. Erfen (Hrsg.), Fremdheit und Reisen im Mittelalter, Stuttgart 1997.

280. F. Spooner, The International Economy and Monetary Movements in France, 1493–1725, Cambridge, Mass., 1972.

281. R. Sprandel, Der städtische Rentenmarkt in Nordwestdeutschland im Spätmittelalter, in: H. Kellenbenz (Hrsg.), Öffentliche Finanzen und privates Kapital im späten Mittelalter und in der ersten Hälfte des 19. Jahrhunderts, Stuttgart 1971, 14–23.

282. B. Sprenger, Münzverschlechterung, Geldmengenwachstum und Bevölkerungsvermehrung als Einflußgrößen der sogenannten Preisrevolution im 16. und beginnenden 17. Jahrhundert in Deutschland, in: Theorie und Empirie in Wirtschaftspolitik und Wirtschaftsgeschichte (Festschrift Abel), Göttingen 1984, 127–144.

283. B. Sprenger, Das Geld der Deutschen. Geldgeschichte Deutschlands von den Anfängen bis zur Gegenwart, Paderborn 1991.

284. P. Spufford, Monetary Problems and Policies in the Burgundian Netherlands, 1433–1496, Leiden 1970.

285. P. Spufford, Handbook of Medieval Exchange, Cambridge 1986.

286. P. Spufford, Money and its Use in Medieval Europe, Cambridge 1988.

287. N. Steensgaard, The Asian Trade Revolution of the Seventeenth Century. The East India Companies and the Decline of the Caravan Trade, Chicago 1975.

288. N. Steensgaard, The Dutch East India Company as an Institutional Innovation, in: M. Aymard (Hrsg.), Dutch Capitalism and World Capitalism, Cambridge/Paris 1982, 235–257.

289. B. Stollberg-Rilinger, Zeremoniell als politisches Verfahren. Rangordnung und Rangstreit als Strukturmerkmale des frühneuzeitlichen Reichstags, in: J. Kunisch (Hrsg.), Neue Studien zur frühneuzeitlichen Reichsgeschichte, Berlin 1997, 91–132.

290. M. Straube, Zur Stellung der Leipziger Messen im überregionalen Warenverkehr zu Beginn des 16. Jahrhunderts, in: JbWG 1979, H. 3, 185–205.

291. M. STRAUBE, Zum überregionalen und regionalen Warenverkehr im thüringisch-sächsischen Raum, vornehmlich in der ersten Hälfte des 16. Jahrhunderts, Dissertation B, Leipzig 1981.

292. M. STRAUBE, Funktion und Stellung deutscher Messen im Wirtschaftsleben zu Beginn der frühen Neuzeit. Die Beispiele Frankfurt am Main und Leipzig, in: H. Pohl (Hrsg.), Frankfurt im Messenetz Europas Erträge der Forschung, Frankfurt 1991, 191–204.

293. R. STRAUBEL, Kaufleute und Manufakturunternehmer. Eine empirische Untersuchung über die sozialen Träger von Handel und Großgewerbe in den mittleren preußischen Provinzen (1763–1815), Stuttgart 1995.

294. J. STRIEDER, Der Zusammenbruch des süd- und mitteleuropäischen Frühkapitalismus, in: Ders., Das reiche Augsburg, München 1938, 45–49.

295. J. STRIEDER, Studien zur Geschichte kapitalistischer Organisationsformen. Monopole, Kartelle und Aktiengesellschaft im Mittelalter und zu Beginn der Neuzeit, New York ²1971.

296. W. VON STROMER, Die oberdeutschen Geld- und Wechselmärkte. Ihre Entwicklung vom Spätmittelalter bis zum Dreißigjährigen Krieg, in: Scripta Mercaturae 10 (1976), 23–49.

297. W. VON STROMER, Funktionen und Rechtsnatur der Wechselstuben als Banken im internationalen Vergleich, in: A. Vannini Marx (Hrsg.), Credito, banque e investamenti, Firenze 1985, 229–254.

298. A. TEICHOVA, KURGAN-VAN HENTENRYK, D. ZIEGLER (Hrsg.), Banking, Trade and Industry. Europe, America and Asia from the Thirteenth to the Twentieth Century, Cambridge 1997.

299. M. TEUBNER, Das Hamburger Stadtbotenwesen bis zum Ausgang des 17. Jahrhunderts, in: Archiv für Post und Telegraphie 1926, 214–220.

300. H.-J. TEUTEBERG, Entwicklung, Methoden und Aufgaben der Verkehrsgeschichte, in: JbWG 1994, H. 1, 173–194.

301. H. THIERFELDER, Rostock-Osloer Handelsbeziehungen im 16. Jahrhundert, Weimar 1958.

302. H. THOMAS, Beiträge zur Geschichte der Champagne-Messen im 14. Jahrhundert, in: VSWG 64 (1977), 433–467.

303. R. TILLY, Financial Institutions and Industrialization of the Rhineland, 1815–1870, Madison 1966.

304. H.-P. ULLMANN, Der Frankfurter Kapitalmarkt um 1800. Entstehung, Struktur und Wirken einer modernen Finanzierungsinstitution, in: VSWG 77 (1990), 75–92.

305. R. W. UNGER, Dutch Shipbuilding before 1800, Assen 1978.
306. R. W. UNGER, The Ship in the Medieval Economy, 600–1600, London 1980.
307. W. VOGEL, Handelskonjunkturen und Wirtschaftskrisen in ihren Auswirkungen auf den Seehandel der Hansestädte 1560–1806, in: HGbll. 74 (1956), 50–64.
308. F. VOIGT, Verkehr, Bd. 2: Die Entwicklung der Verkehrssysteme, Berlin 1965.
309. J. DE VRIES, Barges and Capitalism: Passenger Transportation in the Dutch Economy, 1632–1839, Utrecht 1981.
310. I. WALLERSTEIN, Das moderne Weltsystem, 2 Bde., Frankfurt 1986/Wien 1998.
311. R. WALTER, Die Kommerzialisierung von Landwirtschaft und Gewerbe in Württemberg (1750–1850), St. Katharinen 1990.
312. R. WALTER, Geld- und Wechselbörsen vom Spätmittelalter bis zur Mitte des 17. Jahrhunderts, in: H. Pohl (Hrsg.), Deutsche Börsengeschichte, Frankfurt 1992, 13–76.
313. R. WALTER, Börse, in: M. North (Hrsg.), Von Aktie bis Zoll. Ein historisches Lexikon des Geldes, München 1995, 60–62.
314. H. VAN DER WEE, The Growth of the Antwerp Market and the European Economy (Fourteenth-Sixteenth Centuries), 3 Bde., The Hague 1963.
315. H. VAN DER WEE, Monetary, Credit and Banking Systems, in: E. E. Rich und C. Wilson (Hrsg.), The Cambridge Economic History of Europe, Bd. 5: The Economic Organization of Early Modern Europe, Cambridge 1977, 315–322.
316. H. VAN DER WEE, E. AERTS, The Leuven Coin Find of 1851 and the Currency of the Burgundian Netherlands in the Middle of the 15th Century, Katholieke Universiteit Leuven, Centrum voor Economische Studien, Discussion Paper 80.03, Leuven 1980.
317. H. VAN DER WEE (Hrsg.), De Bank in Europa, Antwerpen 1991.
318. H.-U. WEHLER, Deutsche Gesellschaftsgeschichte, Bd. 1: Vom Feudalismus des Alten Reiches bis zur defensiven Modernisierung der Reformära 1700–1815, München 1987.
319. K. WEISENSTEIN, Die Kipper- und Wipperzeit im Kurfürstentum Trier, Koblenz 1991.
320. H.-J. WENNER, Handelskonjunkturen und Rentenmarkt am Beispiel der Stadt Hamburg um die Mitte des 14. Jahrhunderts, Hamburg 1972.
321. E. WESTERMANN, Das Eislebener Garkupfer und seine Bedeutung für den europäischen Kupfermarkt 1460–1560, Köln 1971.

322. E. WESTERMANN (Hrsg.), Internationaler Ochsenhandel (1350–1750), Stuttgart 1979.

323. E. WESTERMANN, Silbererzeugung, Silberhandel und Wechselgeschäft im Thüringer Saigerhandel von 1460–1620, in: VSWG 70 (1983), 192–214.

324. E. WEYRAUCH, Das Buch als Träger der frühneuzeitlichen Kommunikationsrevolution, in: M. North (Hrsg.), Kommunikationsrevolutionen. Die neuen Medien des 16. und 19. Jahrhunderts, Köln/Weimar/Wien 1995, 1–13.

325. H. WIESE, J. BÖLTS, Rinderhandel und Rinderhaltung im nordwesteuropäischen Küstengebiet vom 15. bis 19. Jahrhundert, Stuttgart 1966.

326. H. WITTHÖFT, Die Lüneburger Spedition 1750–1800. Zur Entwicklung des Warenverkehrs im Einzugsbereich von Hamburg und Lübeck, in: K.-H. Manegold, Studien zur Geschichte (Festschrift W. Treue), München 1969.

327. H. WITTHÖFT, Die Münzordnungen und das Grundgewicht im Deutschen Reich vom 16. Jh. bis 1871/72, in: E. Schremmer (Hrsg.), Geld und Währung vom 16. Jahrhundert bis zur Gegenwart, Stuttgart 1993, 45–67.

328. H. WITTHÖFT, Lüneburg – Leipzig und zurück, in: G. Beutele, Th. Topfstedt, H. Zwahr (Hrsg.), Leipziger Messen 1497–1997, Weimar/Köln/Wien 1999.

329. K. WRIEDT, Zum Profil der lübischen Führungsschicht im Spätmittelalter, in: Veröffentlichungen zur Geschichte der Hansestadt Lübeck, Bd. 13, Lübeck 1985, 41–49.

330. W. WÜST, Das Bild der Fugger in der Reichsstadt Augsburg und in der Reiseliteratur, in: J. Burkhardt (Hrsg.), Augsburger Handelshäuser im Wandel des historischen Urteils, Berlin 1996, 69–86.

331. B. WUNDER, Der Chausseebau in Württemberg während des 18. Jahrhunderts. Infrastrukturpolitik zwischen Regierung, Landschaft und Schwäbischem Reichskreis, in: W. Schmierer, G. Cordes, R. Kieß, G. Taddey (Hrsg.), Aus südwestdeutscher Geschichte (Festschrift Maurer), Stuttgart 1994, 526–538.

332. H. WUNDER, Finance in the ‚Economy of Old Europe‘: the Example of Peasant Credit from the Late Middle Ages to the Thirty Years War, in: P.-C. Witt (Hrsg.), Wealth and Taxation in Central Europe: The History and Sociology of Public Finance, New York 1987, 19–47.

333. F. ZELLFELDER, Das Kundennetz des Bankhauses Gebrüder Beth-

mann (1738–1816), Frankfurt am Main, im Spiegel der Haupt-
bücher, Stuttgart 1994.

334. K.-P. ZOELLNER, Seehandel und Handelspolitik der Hanse in
der Zeit ihres Niedergangs (1550–1600), in: JbWG 1970, H. 3,
221–238.

335. W. ZORN, Handels- und Industriegeschichte Bayerisch-Schwa-
bens 1648–1870, Augsburg 1961.

336. W. ZORN, Schwerpunkte der deutschen Ausfuhrindustrie im
18. Jahrhundert, in: JbNSt 173 (1961), 422–447.

337. H. ZWAHR, TH. TOPFSTEDT, G. BENTELE (Hrsg.), Leipzigs Messen
1497–1997, 2 Bde., Köln/Weimar/Wien 1999.

Register

Personenregister

ABEL, W. 80
Ackermann, Ulrich 8
Adami, Jakob 42
AERTS, E. 79
ALBRECHT, P. 67
ARMSTRONG, J. 57
ATTMANN, A. 83

BAK, J. M. 46
BAUM, H. P. 92
BAUSINGER, H. 56
BAUTIER, R.-H. 62 f.
BEHRINGER, W. 47–49, 51, 53 f.
Berenberg 43 f., 94
BERGIER, J.-F. 64
Bethmann 42, 94
BEYRER, K. 48, 52–54, 56
Bodeck, Johann von 37
BODIN, J. 80
BOEHNCKE, H. 56
BOELCKE, W. A. 94
BORN, K. E. 88
BOYER-XAMBIEU, M.-T. 64 f.
BRANDT, A. VON 74 f., 93
BRAUDEL, F. 61
BRÜBACH, N. 65–67
BURKART, R. 45 f.
BURKE, P. 46
BURKHARDT, J. 71

CARON, F. 57
CERWENKA, P. 81
CHRISTMANN, T. 85
CIPOLLA, C. 79
Colbert, Jean Baptiste 8
COWAN, A. F. 75
COYM, P. 94

DAHLERUP, T. 95
DALLMEIER, M. 48

Dalz, Isidore 90
David, Feidel, 41
DAY, J. 63
DEHNE, H. 67
DELEPLACE, G. 64 f.
DENUCÉ, J. 90
DENZEL, M. 65, 67, 87
DIETZ, A. 65 f., 93
Donner, Conrad Heinrich 44, 94
DOROŠENKO, V. 87

EDLIN-THIEME, M. 58 f., 77
EHRENBERG, R. 61, 93
EICHHORN, H. 81–83
EISENSTEIN, E. 47
ELKAR, R. S. 56
Ephraim, Veitel 31
ERTZDORFF, X. VON 52

FELDENKRICHEN, W. 75
FELLONI, G. 65
FLÜGEL, A. 78
FREITAG, G. 84
FRIED, J. 66
Friedrich II. 13, 67
Fugger 3, 6, 22, 25, 28, 39 f., 48, 50,
    71, 72, 76
Fugger, Anton 25
Fugger, Jakob 25, 39

GABRIELSSON, P. 92
GASCON, R. 64
GERBER, B. 94
GERHARD, H.-J. 69, 84 f.
GIESECKE, M. 46 f., 51
GILISSEN, J. 61
GILLARD, L. 64 f.
GLASER, H. 48
GLASS, CHR. 56
GLINSKI, G. 75

Ortsregister

Sachregister

Enzyklopädie deutscher Geschichte

Themen und Autoren

Mittelalter

Frühe Neuzeit

Bauern 1648–1806 (Werner Troßbach) 1992. EdG 19
Adel in der Frühen Neuzeit (Rudolf Endres) 1993. EdG 18
Der Fürstenhof in der Frühen Neuzeit (Rainer A. Müller) 1995. EdG 33
Die Stadt in der Frühen Neuzeit (Heinz Schilling) 1993. EdG 24
Armut, Unterschichten, Randgruppen in der Frühen Neuzeit (Wolfgang von Hippel) 1995. EdG 34
Unruhen in der ständischen Gesellschaft 1300–1800 (Peter Blickle) 1988. EdG 1
Frauen- und Geschlechtergeschichte 1500–1800 (Heide Wunder)
Geschichte des Judentums vom 16. bis zum Ende des 18. Jahrhunderts (Friedrich Battenberg)
Militärgeschichte des späten Mittelalters und der Frühen Neuzeit (Bernhard Kroener)

Wirtschaft

Die deutsche Wirtschaft im 16. Jahrhundert (Franz Mathis) 1992. EdG 11
Die Entwicklung der Wirtschaft im Zeitalter des Merkantilismus 1620–1800 (Rainer Gömmel) 1998. EdG 46
Landwirtschaft in der Frühen Neuzeit (Walter Achilles) 1991. EdG 10
Gewerbe in der Frühen Neuzeit (Wilfried Reininghaus) 1990. EdG 3
Kommunikation, Handel, Geld und Banken in der Frühen Neuzeit (Michael North) 2000. EdG 59

Kultur, Alltag, Mentalitäten

Medien in der Frühen Neuzeit (Stephan Füssel)
Bildung und Wissenschaft im 15. und 16. Jahrhundert (Notker Hammerstein)
Bildung und Wissenschaft in der Frühen Neuzeit 1650–1800 (Anton Schindling) 2. Aufl. 1999. EdG 30
Die Aufklärung (Winfried Müller)
Lebenswelt und Kultur des Bürgertums in der Frühen Neuzeit (Bernd Roeck) 1991. EdG 9
Kultur und Mentalitäten der unterbürgerlichen Schichten in der Frühen Neuzeit (Robert von Friedeburg)
Umweltgeschichte Frühe Neuzeit (N.N.)

Religion und Kirche

Die Reformation. Voraussetzungen und Durchsetzung (Olaf Mörke)
Konfessionalisierung im 16. Jahrhundert (Heinrich Richard Schmidt) 1992. EdG 12
Kirche, Staat und Gesellschaft im 17. und 18. Jahrhundert (Michael Maurer) 1999. EdG 51
Religiöse Bewegungen in der Frühen Neuzeit (Hans-Jürgen Goertz) 1993. EdG 20

Politik, Staat und Verfassung

Das Reich in der Frühen Neuzeit (Helmut Neuhaus) 1997. EdG 42
Landesherrschaft, Territorien und Staat in der Frühen Neuzeit (Joachim Bahlcke)
Die Entwicklung der landständischen Verfassung (Kersten Krüger)
Vom aufgeklärten Reformstaat zum bürokratischen Staatsabsolutismus (Walter Demel) 1993. EdG 23

Staatensystem, internationale Beziehungen

Das Reich im Kampf um die Hegemonie in Europa 1521–1648 (Alfred Kohler) 1990. EdG 6
Altes Reich und europäische Staatenwelt 1648–1806 (Heinz Duchhardt) 1990. EdG 4

19. und 20. Jahrhundert

Nationalsozialistische Herrschaft (Ulrich von Hehl) 1996. EdG 39
Die Bundesrepublik Deutschland. Verfassung, Parlament und Parteien
(Adolf M. Birke) 1996. EdG 41
Die Sozialgeschichte der Bundesrepublik Deutschland (Arnold Sywottek)
Die Innenpolitik der Deutschen Demokratischen Republik (Günther Heydemann)

Staatensystem, **Die deutsche Frage und das europäische Staatensystem 1815–1871**
internationale **(Anselm Doering-Manteuffel) 1993. EdG 15**
Beziehungen **Deutsche Außenpolitik 1871–1918 (Klaus Hildebrand) 2. Aufl. 1994. EdG 2**
Die Außenpolitik der Weimarer Republik (Gottfried Niedhart) 1999. EdG 53
Die Außenpolitik des Dritten Reiches (Marie-Luise Recker) 1990. EdG 8
Die Außenpolitik der Bundesrepublik Deutschland (Hermann Graml)
Die Außenpolitik der Deutschen Demokratischen Republik (Joachim Scholtyseck)

Hervorgehobene Titel sind bereits erschienen.

Stand: (Oktober 1999)